Schleswig-
Holstein
Mecklenburg-
Vorpommern
Hamburg
Bremen
Niedersachsen
Berlin
Sachsen-
Anhalt
Brandenburg
Nordrhein-
Westfalen
Sachsen
Thüringen
Hessen
Rheinland-
Pfalz
Saar-
land
Bayern
Baden-
Württemberg

Alexandra Benke

Das Geheimnis der goldenen Schatztruhe

Abenteuer zwischen Schwäbisch Gmünd, Schwäbisch Hall und Rothenburg ob der Tauber

Illustrationen von Sabrina Pohle

Biber & Butzemann

MIX
Paper from responsible sources
FSC® C126307
www.fsc.org

Klimaneutral
Druckprodukt
ClimatePartner.com/14701-2006-1001

Besuchen Sie uns im Internet auf www.biber-butzemann.de

Hinweis: Ausstellungen in Museen wechseln und auch bei anderen Sehenswürdigkeiten gibt es regelmäßig Veränderungen, darum sind alle Angaben ohne Gewähr.

Geschwister-Scholl-Str. 7
15566 Schöneiche

1. Auflage, 2021

Bibliografische Information der Deutschen Bibliothek
Die Deutsche Bibliothek verzeichnet diese Publikation in der Deutschen Nationalbibliografie; detaillierte bibliografische Daten sind im Internet unter http://dnb.ddb.de abrufbar.

Text: Alexandra Benke
Illustrationen: Sabrina Pohle
Layout und Satz: Mike Hopf
Lektorat: Steffi Bieber-Geske, Juliane Jacobsen
Lektoratsassistenz: Kristina Berens, Kati Bieber, Martina Bieber, Anna Klesse, Michelle Stark,
Korrektorat: Carola Jürchott
Druck- und Bindearbeiten: Poligrafia Janusz Nowak sp. z o.o.
ISBN: 978-3-95916-075-9

INHALT

KEIN URLAUB IM FERIENHAUS

„Aber Mama!“, meuterte Tim. „Ihr habt es uns versprochen!“ Der Junge sprang energisch vom Stuhl auf, sodass dieser mit einem lauten Knall umfiel. Rosalie sah erschrocken zu ihrem Bruder hinüber. Er fasste den Stuhl an seiner Lehne und stellte ihn wieder auf.

„Es geht nicht“, sagte Papa.

„Dann bringt uns wenigstens hin!“ Tims Augen funkelten. Er fand seine Idee großartig. „Wir Kinder sehen nach dem Rechten, und ihr holt uns einfach in einer Woche wieder ab.“

„Klar! Ihr Kinder bleibt eine Woche allein im Ferienhaus!“ Mama schüttelte den Kopf.

„Mir reicht's jetzt!“, rief Papa und stand auf. „Eure Mutter und ich würden auch lieber in die Ferien fahren. Aber dieses Mal müssen wir eben arbeiten. Und jetzt ist Schluss!“

Normalerweise war ihr Vater nicht leicht aus der Ruhe zu bringen. Rosalie warf ihrem Bruder einen vielsagenden Blick zu. Schweigend standen die beiden vom Mittagstisch auf und zogen sich zurück.

Im Flur knurrte Tim: „Immer, wenn sie etwas nicht wollen, sollen wir den Mund halten.“ Er schlüpfte in seine Turnschuhe. „Komm, wir gehen raus!“

Fast den ganzen Nachmittag verbrachten die beiden Geschwister im Garten. Sie saßen mit traurigen Gesichtern auf den Baumstümpfen rund um die Feuerstelle und jammerten vor sich hin.

Es ging schon auf den Abend zu, als ihre Mutter in den Garten kam. „Jetzt macht nicht so ein Gesicht! Hier in Stuttgart ist es auch schön. Wir können

abends ein Lagerfeuer machen. Das mögt ihr doch so gerne“, versuchte sie ihre Kinder zu trösten.
„Ja, aber mit Lotta und Xaver machen die Ferien noch mehr Spaß!“, rief Rosalie. Tränen schossen ihr in die Augen.
„Das weiß ich ja. Aber hier gibt es so viele interessante Ferienangebote. Wir sehen nachher mal zusammen nach. Da werdet ihr bestimmt etwas finden, dass euch Spaß macht!“
„Wir wollen aber Xaver und Lotta treffen. Sie sind unsere besten Freunde, und wir sehen sie immer nur in den Ferien“, erklärte Tim. Lotta wohnte normalerweise in München, die Mangold-Kinder in Stuttgart, nur Xaver lebte dauerhaft mit seiner Familie auf einem Bauernhof am Ammersee.
Nun kam ihr Vater auf sie zu. Der Kies knirschte unter seinen Schritten. Ohne auf das, was Tim gesagt hatte, einzugehen, meinte er: „Tim, du wolltest

doch mal diesen Kurs machen, bei dem man Lego-Roboter baut. Und du, Rosalie, hast doch immer von diesem Zauberkurs aus dem Ferienprogramm gesprochen."

„Oder ihr nehmt an einer Aktion unserer schönen Museen teil! Außerdem gibt es interessante Stadtführungen für Kinder!", rief Mama sichtlich begeistert.

„Mit Lotta und Xaver sind die Ferien aber immer spannender", widersprach Rosalie. „Wisst ihr noch, wie wir Kater Batzi in ganz München gesucht haben? Oder als wir im Allgäu in der tollen Burgruine waren?"

„Ja! Oder als wir auf der Berghütte am Chiemsee waren und das Gewitter kam!", erinnerte sich Tim.

„Ich weiß, und es tut mir sehr leid. Aber wir können es nicht ändern. In einer Viertelstunde gibt es Abendessen. Ich habe extra Linsen mit Spätzle und Saiten für euch gemacht", sagte Mama tröstend und ging ins Haus.

Tim liebte alles mit Würstchen, aber diesmal konnte ihn nicht einmal sein Lieblingsgericht aufheitern. „Eine Stadtführung!", krächzte er. „Wahnsinnsidee!"

„Lilly hat mal eine für Kinder mitgemacht. Ihr hat's sehr gut gefallen", erwiderte Rosalie. „Eigentlich sind das schon Dinge, die ich gerne mal machen würde. Aber eben mit unseren Freunden."

Tim hörte nicht mehr zu. Er war tief in seine Gedanken versunken und malte sich die Ferien in den düstersten Farben aus. „Alle sind im Urlaub. Nur ich sitze mit meiner Schwester zu Hause! Das werden die schlimmsten Ferien meines Lebens!", jammerte er.

Rosalie sagte nichts. In ihrem Kopf ratterten die Gedanken wie ein Moped auf und ab. „Ich muss mal telefonieren!", sagte sie plötzlich und sprang auf.

EINE GENIALE IDEE

Am nächsten Morgen saß Familie Mangold beim Frühstück. Rosalie köpfte gerade ihr Ei, als das Telefon klingelte.
„Wer ruft denn so früh am Morgen an?", murrte Papa.
Seine Frau nahm den Hörer ab und meinte: „Es ist eine Nummer aus Bayern."
„Das ist bestimmt Lotta! Sie wollte mich heute anrufen!", rief Rosalie sofort. Mama reichte ihr das Telefon.
„Hi, Lotta!", sagte sie, ohne abzuwarten, wer sich am anderen Ende meldete. Sofort lief sie hinaus in den Flur.
Tim goss Milch auf seine Haferflocken. Dabei spitzte er die Ohren und versuchte, etwas von dem Telefonat zu erhaschen. Aber er konnte nur Bruchteile verstehen. Seine Schwester wiederholte immer nur „Ja" oder „Genau".
Er schlang seine Haferflocken in Rekordzeit hinunter. „Ich bin fertig! Kann ich aufstehen?", fragte er seine Eltern.
„Von mir aus", brummte sein Vater. „Das ist ja ein sehr gemütliches Frühstück heute mit euch!"
Tim lief in den Flur. Seine Schwester ging mit dem Telefon in der Hand auf und ab. „Okay, Lotta. Ich rede mit Tim. Tschüss!", sagte Rosalie und drückte die Aus-Taste.
„Was beredest du mit mir?", murrte Tim.
„Komm!" Ihre Augen blitzten verschwörerisch. „Oben erzähle ich dir alles!"
In Rosalies Zimmer warf sich Tim wie immer erst einmal auf das Bett seiner Schwester. Rosalie blickte ihn strahlend an und verkündete: „Wenn unsere

Eltern nicht mit uns nach Bayern zu unseren Freunden fahren, dann müssen unsere Freunde eben herkommen!“

„Nette Idee. Aber wie sollen sie nach Stuttgart kommen?“

„Lotta hat uns doch mal erzählt, dass ihre Großeltern ein Wohnmobil haben“, begann Rosalie.

„Und?“

„Na ja, sie hat mit ihren Großeltern gesprochen.“

Nun wurde Tim hellhörig. „Ja?“

„Sie hat gesagt, dass ihr Opa sie und Xaver herbringen könnte.“ Rosalie strahlte. „Aber das ist noch nicht alles.“

Jetzt war Tim hellwach. Er kannte seine Schwester genau. Wenn sie so sprach, lohnte es sich, ihr zuzuhören. „Sag schon, was habt ihr ausgeheckt!“

„Lotta meinte, ihr Opa war von der Idee, nach Baden-Württemberg zu fahren, sofort begeistert. Er hat zu ihr gesagt: Wenn er sie schon herbringt, dann will er auch gleich ein wenig herumfahren.“

„Schön für ihn. Und wir sitzen hier fest!“

„Eben nicht. Lotta hat ihren Opa dazu gebracht, dass er uns mitnimmt!“

„Genial! – Aber Mama und Papa ...“

„Das haben wir uns auch schon überlegt“, sagte Rosalie. „Wir machen einen Kultur-Trip! Stadtbesichtigung und Museen und so. Also genau das, was sie wollten!“

Tim verstand sofort. Wie ein Erwachsener flötete er: „Ich interessiere mich sehr für Museen und Stadtbesichtigungen!“

„Wusste ich es doch!“, rief Rosalie stolz. „Es ist alles eine Frage der Sichtweise!“

Plötzlich verfinsterte sich Tims Gesicht. „Aber das Ganze hat einen Haken. Habt ihr mal nachgezählt? Lottas Großeltern, Lotta, Xaver und wir beide ... Das sind zu viele für ein Wohnmobil.“

„Stimmt. Aber Lottas Oma will nicht mitfahren.“

„Sie verzichtet freiwillig auf Ferien mit dem Wohnmobil? Ist sie krank?“

„Nein. Lottas Oma sagt, dass sie sich das nicht antun will. Mit uns Rasselbande eine Woche im Wohnmobil, da bekäme sie schon beim bloßen Gedanken Kopfweh.“

„Cool! Komm, wir gehen runter und sagen es Mama und Papa“, rief Tim voller Vorfreude. In seinem Bauch kribbelte es wie tausend Ameisen.

„Aber denk daran: Wir machen vor allem viel Kultur!“, erinnerte Rosalie ihn noch einmal an die Strategie.

„Ja, ja, ist klar!“, rief Tim. „Ich liebe Kultur!“ Und schon war er unten.

AUF INS ABENTEUER

„Danke für den Espresso!“, sagte Opa Gustl zwei Tage später. „Und jetzt beeilt euch, Kinder! Die Fahrt geht los!“

„Ich helfe euch tragen!“, bot Lotta an und schnappte sich als Erstes Rosalies Kuscheltier, einen australischen Wombat.

„Hast du denn kein kleineres Stofftier zum Mitnehmen?“, meinte deren Mama.

„Mein Wombat muss mit!“, erwiderte Rosalie.

„Wie du meinst, mein Schatz“, sagte Mama lächelnd und drückte Tim eine ellenlange Liste mit Museen in die Hand. „Ich habe sie heute Nacht extra für euch zusammengestellt.“

„Mama, wir sind nur eine Woche unterwegs!“, rief er und wurde ein wenig blass um die Nase.

„Danke!“ sagte Xaver schnell.

Die beiden Freunde nahmen Rucksäcke, Schlafsäcke und Taschen und liefen hinunter zur Straße.

„Ganz schön groß euer Wohnmobil, Opa Gustl!“, meinte Tim.

Opa Gustl lächelte stolz. „Zu fünft brauchen wir schon etwas Platz.“

Papa überreichte Opa Gustl einen großen Verpflegungsbeutel. Beim Anblick von Toast, Marmelade, Haferflocken und Milch machte Tim große Augen.

„Ein Campingbus ist schließlich kein Hotel“, sagte sein Vater.

‚Hoffentlich ist auch meine Lieblingsschokolade drin‘, dachte Tim.

„So. Jetzt rein mit euch!“, rief Lottas Großvater. Rosalie und Tim umarmten ihre Eltern und kletterten in das riesige Gefährt.

„Macht's gut! Und ruft mal an!", rief Mama und wischte sich eine Träne aus dem Auge.
„Klar, Mama!", antwortete Rosalie.
„Und benehmt euch anständig!", sagte Papa.
„Ja, Papa." Tim verdrehte kurz die Augen. Lotta stopfte Rosalies Rucksack in eine freie Ecke und setzte den Wombat zwischen ihre Freundin und sich. Dann schnallten sie sich an.
„Jetzt haben wir Eltern sturmfreie Bude. Auch nicht schlecht." Papa legte den Arm um Mama und grinste zufrieden.
„Das hat Oma auch gesagt. Sie freut sich, wenn sie mal eine Woche lang tun und lassen kann, was sie mag", sagte Lotta.
„Auf Wiedersehen!", rief Lottas Opa und startete den Motor.
„Cool!" Tim saß als Erster vorne. „Wir haben noch nie mit einem Wohnmobil Urlaub gemacht!"
„Ich auch nicht", rief Xaver. Sein Herz klopfte. „Eigentlich super, dass eure Eltern arbeiten müssen!"
Rosalie stupste ihre Freundin an und sagte: „Das war die beste Idee des Sommers!" Lotta nickte zufrieden.
Das beeindruckende Gefährt setzte sich in Bewegung. Die Kinder winkten, bis die Eltern Mangold nicht mehr zu sehen waren. Gemeinsam mit anderen Fahrzeugen schoben sie sich in einer langen Blechlawine durch Stuttgart.
„Kennst du dich mit so einem Navi aus?", fragte Gustl.
„Klar! Was soll ich eingeben?", sagte Tim und machte sich sofort an dem Gerät zu schaffen.
„Zuerst fahren wir nach Schwäbisch Gmünd!", sagte Lottas Großvater. „Und nur, damit ihr eine Orientierung habt: Wir lassen uns einfach treiben, aber die grobe Richtung ist Rothenburg ob der Tauber."
„Das gehört doch aber zu Bayern", sagte Rosalie.

„Das stimmt. Was du alles weißt!“, meinte Opa Gustl.
Rosalie lachte. „Das ist lustig.“
„Was?“, wollte Xaver wissen.
„Wir drehen eine Runde zwischen Baden-Württemberg und Bayern. Tim und ich kommen aus Baden-Württemberg, und ihr kommt aus Bayern!“
„Das passt genau!“, rief Tim.
Allmählich verloren sich die anderen Autos in verschiedene Richtungen, und sie ließen die Stadt hinter sich. Eine leicht hügelige Landschaft mit schönen Weinbergen löste das Getöse der Großstadt ab. Xaver atmete auf und lehnte sich entspannt zurück.
„Wie schnell manchmal alles geht“, sagte Lotta plötzlich. „Noch vor drei Tagen war ich richtig schlecht drauf, weil ihr euren Urlaub bei uns in Bayern abgesagt habt.“
„Ich auch!“, unterbrach Rosalie.
„Und kaum sind drei Tage vergangen, sitzen wir hier zusammen in Opas Wohnmobil und drehen eine Baden-Württemberg-Runde!“, rief Tim.
„Du blinkst immer schon, bevor das Navi die Richtung angibt ...“, fiel Lotta nach einer Weile auf.
„Ich habe eben einen guten Orientierungssinn.“ Der Großvater schmunzelte.
„Du bist genau der Richtige für unsere Rasselbanden-Fahrt, Opa Gustl!“, rief Xaver.
„Ja, genau so ist es“, murmelte Gustl. „Seht euch die wunderschöne Landschaft an! Deswegen fahre ich so gerne Landstraße. Da sieht man viel mehr. Aber jetzt seid bitte mal kurz ruhig. Ich muss mich konzentrieren, damit ich die Abzweigung nicht verpasse.“
„Was machen wir als Erstes, Opa Gustl?“, wollte Xaver noch schnell wissen.
„Das wollte ich auch gerade fragen!“, platzte Tim heraus.
„Am besten fahren wir zuerst zum *Skypark*. Das ist ein Baumwipfel-Kletterparcours bei Schwäbisch Gmünd-Wetzgau. Es liegt am oberen Ende des

Taubentals", erklärte Opa Gustl. „Dort könnt ihr eure überschüssige Energie loswerden. Dann seid ihr abends hoffentlich schön müde und schlaft gut!"
„Ich klettere für mein Leben gern!", rief Rosalie begeistert und gab es sofort in ihr Handy ein. „Skypark ...", murmelte sie. „Sky heißt doch Himmel. Da muss es ja echt hoch hinaus gehen."
Lotta, die ihr über die Schulter schaute, flüsterte: „So etwas habe ich noch nie gemacht."
„Ich auch erst zweimal. Beim ersten Mal hatte ich ganz schönes Muffensausen. Aber das macht wirklich Spaß!"
„Keine Sorge, Lotta!", mischte sich nun Opa Gustl ein. „Dort gibt es verschiedene Parcours mit unterschiedlichen Schwierigkeitsgraden. Da ist für jeden etwas dabei."
„Hm", murmelte Lotta.
„Wir nehmen den Schwierigsten, stimmt's, Xaver?", gab Tim an.
Doch Xaver bremste seinen Freund. „Ich sehe mir das Ganze lieber erst einmal aus der Nähe an!"
„Ah, mein Bruderherz möchte den Parcours für Geübte machen. Interessant. Hier steht: Da ist ein Sprung aus zwölf Metern in die Tiefe dabei!" Rosalie grinste über beide Ohren.
„Wenn ihr zu streiten anfangt, ist es vielleicht besser, wir lassen es", meinte Großvater.
„Das ist doch nur Spaß, Gustl!", rief Tim sofort. „Stimmt's Mädels?"
„Außerdem steht hier, dass das gut für den Teamgeist ist. Also hilft das gegen Streit, wenn du mit uns dorthin fährst", erklärte Rosalie und zwinkerte ihrem Bruder zu.
Keiner hatte auf die Frauenstimme im Navi geachtet. Erst jetzt fiel ihnen auf, dass sie ständig wiederholte: „Bitte an der nächsten Möglichkeit wenden, bitte wenden ..."
„So. Jetzt haben wir die richtige Abzweigung verpasst", brummte Opa Gustl.

HEXENRITT BEI SCHWÄBISCH GMÜND

Kaum waren die Fünf beim *Skypark Kletterwald* angekommen, bekamen sie von einem jungen Mann eine Einführung. Sie schnallten sich die Gurte an, setzten die Helme auf, und schon waren sie mittendrin.

„Danke, Gustl! Das ist genial hier!“, rief Tim, bevor er sich an einem Seil in die Tiefe stürzte.

Die Mädchen standen noch oben. „Wollen wir auch, oder sollen wir etwas anderes machen?“, bot Rosalie ihrer Freundin an.

Lotta brachte vor lauter Aufregung keinen Ton heraus. Ihr Großvater rief von unten: „Du musst nicht, wenn du nicht magst! Du kannst mit etwas anderem anfangen.“

Lotta sah zu ihrer Freundin. „Ich weiß, wie wir es machen“, sagte sie. „Du springst als Erste. Und wenn du nachher meinst, dass ich es auch aushalte, dann rufst du: Okay.“

„So machen wir‘s!“ Mit einem lauten Schrei stürzte sich Rosalie ebenfalls hinab.

„Viel Glück!“, rief Lotta ihrer Freundin hinterher. Aber Rosalie konnte sie nicht mehr hören. Schreiend schoss sie dem Abgrund entgegen.

Lotta hielt den Atem an. Sie lauschte mucksmäuschenstill in die Tiefe. Aber sie erhielt keine Antwort. In der Ferne hörte sie fremde Stimmen. Der Wind rauschte durch die Baumwipfel.

„Okay! Ich bin drüben!“

Es kam Lotta wie eine Ewigkeit vor. ‚Gott sei Dank!‘, dachte sie und atmete tief ein.

„Komm rüber! Es macht Spaß!“, rief Rosalie ihrer Freundin zu.
Lotta atmete tief ein. Kurz hielt sie die Luft an. Rosalie hatte „Okay“ gesagt, also war es das auch. Obwohl sich die beiden Freundinnen nur in den Ferien sahen, waren sie wie Blutsschwestern. „Ich stelle mir einfach vor, ich fliege auf einem Hexenbesen, und mir kann nichts passieren!“, sprach sich Lotta selbst Mut zu.
„Soll ich zuerst?“, hörte sie plötzlich die Stimme eines älteren Jungen hinter sich. Lotta blitzte ihn mit ihren Hexen-Augen an. Der Junge trat sofort einen Schritt zurück. Ohne ein Wort zu sagen, schwang sich Lotta in luftiger Höhe ihren Freunden entgegen.
„Ich fliege auf dem Hexenbesen!“, schrie sie, so laut sie konnte, als sie die vielen Meter an dem Stahlseil entlangglitt. Die anderen vier standen unten und klatschten Beifall. Mit einem lauten „Wumms“ landete sie auf der Plattform. Rosalie und Xaver halfen ihr beim Absteigen.

„Wahnsinn, Lotta! Du hättest dich sehen sollen! Mit deinen fliegenden roten Locken hast du wie die Ober-Hexe persönlich ausgesehen!“, meinte Xaver.
„Da wunderst du dich?“, rief Lotta und warf ihren roten Haarschopf nach hinten. „Ich bin die Ober-Flug-Hexe höchstpersönlich!“
Rosalie sah zu ihrem Bruder hinüber, der schon wieder auf sein Handy starrte. „Hast du Fotos gemacht?“
„Ja, klar.“
„Echt?“, rief Lotta. „Zeig her!“
Plötzlich stand Opa Gustl hinter ihnen. „Du weißt schon, dass man Leute nicht einfach ohne ihre Einwilligung fotografieren darf!“, sagte er streng. „Das wird nicht ins Netz gestellt!“
„Natürlich nicht, das weiß ich doch!“
Rosalie hakte sich bei Lotta ein und ließ ihrer Fantasie freien Lauf. „Ich hab‘s! Wir fügen auf dem Foto einen Hexenbesen ein. Das sieht bestimmt stark aus!“
„Genau! Und ich lass es vergrößern und hänge es in mein Zimmer! Hex, hex!“
Sie absolvierten fünf der elf herausfordernden Parcours. Sie kletterten, balancierten und sprangen in die Tiefe. „Es macht richtig Spaß, seine Kraft auszutesten!“, fand Tim.
„Und zu sehen, wie weit man sich traut“, meinte Lotta.
Als sie irgendwann Richtung Ausgang gingen, sagte Tim: „Ich habe vielleicht einen Hunger!“
„Ich auch!“, stimmte Xaver sofort zu.
„Wir fahren nach Schwäbisch Gmünd und essen etwas!“, schlug Opa Gustl vor.
„Gute Idee! Jetzt darfst du vorne sitzen, Lotta. Schließlich ist das euer Wohnmobil“, sagte Tim großzügig.

„Im Kreisverkehr die zweite Ausfahrt nehmen und in die Einhornstraße abbiegen", ertönte etwas später die Frauenstimme aus dem Navi.
„Einhornstraße!", wiederholte Lotta. „Das gefällt mir!"
Schon bald erreichten sie Schwäbisch Gmünd. Gemeinsam schlenderten sie an der *Fuggerei* entlang zum *Heilig-Kreuz-Münster* und bestaunten dessen prächtige Fassade.
„Das ist die älteste süddeutsche Hallenkirche aus der Zeit der Gotik", las Opa Gustl aus einem kleinen Stadtführer vor.
Plötzlich entdeckte Rosalie einen Brunnen und rief: „Schon wieder ein weißes Einhorn! Das muss doch etwas bedeuten."
„Das ist der *Löwenbrunnen*. Auf dem Stadtwappen ist aber auch ein Einhorn", bemerkte Opa Gustl. „Es ist das erste Mal zur Zeit der Stadtgründung auf einer Urkunde aufgetaucht. Wenn ich mich recht erinnere, weiß man nicht, woher das Bild des Einhorns stammt."
„Wenn ich für uns ein Familienwappen entwerfen würde, würde ich auch ein Einhorn nehmen!", meinte Lotta.

Kurz darauf kamen sie auf den historischen Marktplatz. Tim lief voraus. „Hier ist ja ein großer Sandspielplatz!"
Opa Gustl lächelte und meinte: „Ja. Der wird hier im Sommer extra für die Kinder angelegt. Wir setzen uns dort hinten hin, bei dem Gasthaus mit den riesigen, weißen Sonnenschirmen."
Es gab hervorragende, hausgemachte Maultaschen, mit Pfifferlingssauce und Bergkäse

überbacken, sowie Fleischküchle mit knusprigen Bratkartoffeln und Salat. „Opa, ist das jetzt eigentlich unser Mittag- oder unser Abendessen?“, wollte Lotta wissen.

„Ach“, sagte Gustl. „Das entscheiden wir später. Das ist ja das Schöne beim Campen. Wir müssen uns nicht an irgendwelche festen Essenszeiten halten. Wir machen es einfach so, wie wir wollen.“

„Bekommen wir als Nachspeise noch ein Eis?“, fragte Lotta, die bereits eine Eisdiele erspäht hatte. Während die Kinder kurz darauf bereits Schokoladen-, Erdbeer- und Zitroneneis schleckten, fing Opa an zu erzählen: „Man sagt, der Marktplatz hier und der Münsterplatz zählen zu den schönsten Plätzen in Süddeutschland.“

„Mir gefallen die Türme der Stadtmauer!“, meinte Xaver.

„Ja, man hat sie früher als Schutzwall gebaut. Ursprünglich gab es 24 Türme. Aber im Laufe der Zeit ist einer nach dem anderen eingestürzt. Jetzt stehen noch der *Glockenturm*, der *Faulturm*, der *Schmiedturm*, der *Wasserturm*, der *Königsturm* und der ...Welcher fehlt jetzt noch?“

„Der *Rinderbacher Torturm* und der *Fünfknopfturm*!“, ergänzte eine ältere Dame hinter ihnen.

„Ach ja, vielen Dank!“, sagte Opa Gustl.

„Das finde ich aber schön, dass Sie Ihren Enkeln die Stadt zeigen! Hier gibt es auch viele sehenswerte Kirchen und Kapellen. Zum Beispiel die *Johanniskirche* und die *Augustinuskirche* natürlich.“

„Ja. Schwäbisch Gmünd ist eine interessante Stadt!“, sagte Xaver, und Tim nickte artig.

„Wart ihr schon auf dem *Hohenrechberg*?“ Lotta schüttelte den Kopf. „Das ist der höchstgelegene Gmünder Stadtteil. Da gibt es sogar eine mittelalterliche Burgruine.“

„Eine Burgruine? Das ist eine sehr gute Idee!“, rief Xaver sofort.

„Von dort oben hat man einen herrlichen Rundumblick!“, ergänzte die alte Dame. „Vielleicht zündet ihr dort oben mit eurem Opa für mich eine Kerze in meiner Lieblings-Wallfahrtskirche an. Sie heißt *Zur Schönen Maria*.“

„Das machen wir gern“, sagte Rosalie.

Sie verabschiedeten sich von der netten Frau. Anschließend spazierten sie durch die Gassen der schönen Altstadt, mitten hindurch zwischen historischen Fachwerkhäusern, beeindruckenden Kirchen und Türmen.

Nach einer Weile sah Opa Gustl auf seine Uhr. „Wenn ihr noch zum *Hohenrechberg* wollt, sollten wir uns beeilen“, meinte er.

„Natürlich!“, riefen Tim und Xaver. „Wir sind bereit!“

Sie parkten auf dem Wanderparkplatz und stiegen den Rittersteig, einen steilen Pfad, durch den Wald hinauf.

Die Kinder waren als Erste auf dem 707 Meter hohen Plateau angekommen. Lotta rief: „Wahnsinn! Das ist ein toller Blick!“ Rosalie machte sofort ein paar Fotos.
„Ihr rennt hier hoch wie junge Bergziegen“, sagte Opa Gustl und schnaufte. „So. Das ist die barocke *Wallfahrtskirche St. Maria*.“
„Das ist ein magischer Platz hier oben!“, meinte Lotta.
„Stimmt“, sagte Rosalie. „Komm, wir haben doch der netten Dame versprochen, dass wir eine Kerze für sie anzünden!“
Xaver drückte die schwere Kirchentür auf, und sie traten in den kühlen Kirchenraum ein. Rosalie sah sich um. Dann zog sie ein 50-Cent-Stück aus ihrer Börse und warf es in den Opferstock. Andächtig zündete sie das versprochene Licht an und dachte dabei an die freundliche Dame. In diesem Moment läuteten die Kirchturmglocken.
Anschließend gingen sie weiter zur Burgruine. Lotta las das Schild vor: „Der Eintritt für Kinder kostet 1 Euro, für Erwachsene zwei.“
„Zum Glück haben wir genug Kleingeld dabei.“, sagte der Großvater, als sie vor dem schmiedeeisernen Dreh-Tor standen.
„Hier ist auch ein Geldwechsler!“, rief Xaver.
„Dort drüben ist Hohenstaufen, das ist auch ein wunderschöner, kleiner Ort mit einer Burgruine“, erklärte der Großvater.
„Schaut mal!“, rief Tim. „Dort unten sind Leute in mittelalterlichen Kostümen! Sie machen Fotos.“
„Ich liebe Burgen und Burgruinen!“ Xaver lachte auf.
„Das freut mich“, sagte der Großvater. „Aber jetzt sehen wir zu, dass wir zum Campingplatz kommen. Ich habe keine Lust, mit dem Riesenkasten im Dunklen einzuparken!“
„Jetzt sitze ich vorne!“, rief Xaver. „Wir haben schließlich ausgemacht, dass wir uns abwechseln!“

PIZZABRIEGEL AUF DEM CAMPINGPLATZ

Tim saß neben Rosalie und Lotta auf dem Rücksitz und surfte mit dem Handy durch alle möglichen Seiten. „Welchen Campingplatz hast du eigentlich im Visier?“

„Wir fahren zum *Campingpatz Götzenbachsee*. Wie der Name schon sagt, liegt er direkt am See. Man kann dort wunderbar wandern. Außerdem gibt es Feuerstellen!“

„Klingt super!“ Xaver war sofort begeistert und erntete dafür einen Stups von seinem Freund auf der Rückbank.

„Wir können doch auch den Campingplatz beim *Skypark* nehmen. Dann können wir morgen noch den restlichen *Himmelsgarten* erkunden!“, verhandelte Tim.

„Ja, stimmt. Dann können wir noch auf den *Aussichtsturm Himmelsstürmer* steigen!“, unterstützte Xaver seinen Freund. Lotta sah Tim fragend an.

In Sekundenschnelle öffnete dieser die Seite auf seinem Handy und hielt es Lotta hin. „Schau! Dort gibt es auch noch einen Dinosaurierpark und einen Streichelzoo!“

„Ich möchte gerne die Murmelbahn mit den Holzmurmeln sehen und zum Wasserspielplatz!“, sagte Rosalie.

„Heute hatten wir ein volles Programm. Wir haben so viel erlebt!“, sagte Opa Gustl. „Jetzt fahren wir bitte zum Götzenbachsee. Ich brauche morgen mal etwas Ruhe.“

Tim musste daran denken, dass er seiner Mutter versprochen hatte, sich anständig zu benehmen. Also bohrte er nicht weiter und sagte: „Okay. Wenn du dorthin willst.“

Als das Wohnmobil endlich durch das Eingangstor des Campingplatzes rollte, dämmerte es bereits. „Jetzt melde ich uns erst mal an“, sagte der Großvater und löste den Sicherheitsgurt. Er schnappte sich seinen Rucksack und machte sich auf zur Anmeldung.
„Wir schlafen oben!“ Tim war gerade siedend heiß eingefallen, dass er für sich und seinen Freund die besten Schlafplätze reservieren wollte.
„Wir wollen gar nicht da rauf! Die oberen Schlafplätze könnt ihr haben“, verkündete Lotta großzügig.
„Sehr gut!“, rief Xaver. Er kletterte die Leiter ein paar Stufen hoch und feuerte mit Karacho seinen Schlafsack in den Alkoven.
In diesem Moment kehrte Opa Gustl mit allerhand Zetteln zurück. „So, jetzt könnt ihr gleich mal zeigen, was ihr als Einparkhilfe so draufhabt!“ Er reichte Lotta und Tim einen Plan. „Da müssen wir hin!“, sagte er und zeigte auf ein Kugelschreiberkreuz.
„Kein Problem!“, sagte Tim und sprang mit Xaver aus dem Wagen. Sie liefen voraus.
Opa Gustl drehte den Zündschlüssel und steuerte das große Gefährt in Richtung Stellplatz. Dort rangierte er noch eine Weile hin und her. „Wenn wir nicht richtig geradestehen, knallt uns die Badezimmertüre immer in die Fersen!“, erklärte er.
„Das passt schon!“, rief Tim, der plötzlich ein riesiges Hungergefühl verspürte.
Opa Gustl schaltete den Motor aus und machte sich außen am Wagen zu schaffen. Kurz darauf hielt er den Jungs einen großen, schwarzen Stecker hin. „Hier, steckt bitte mal den Strom an!“
Die beiden Freunde fanden schnell den richtigen Kasten. „Strom läuft!“, rief Xaver.
Das erste gemeinsame Abendessen im Wohnmobil war sehr gemütlich. „Heute gibt’s Pizzabriegel!“, rief Opa Gustl.

„Kenne ich nicht", murmelte Xaver. Er probierte höchst ungern Neues beim Essen aus.

„Das schmeckt lecker!", rief Tim. „Man sagt auch ‚Schwäbische Pizza' dazu."

„Pizza klingt gut", sagte Xaver und beobachtete, was Opa Gustl aus dem Mini-Ofen holte. Beim Anblick des länglichen Brötchens lief ihm das Wasser im Mund zusammen. Es war mit Pilzen, Paprika und Schinkenwürfeln belegt. Darüber war Käse zerlaufen.

„Irgendwie ist das fast wie bei einem Picknick!", fand Rosalie.

„Ein Wohnmobil-Picknick!" Tim lachte.

Xaver gähnte. „Ich bin ganz schön müde."

„Ich auch", meinte Tim. „Wir beziehen schon mal unsere Koje!"

„Erst geht's ab in die Waschräume! Zähneputzen muss man auch beim Campen!", sagte Opa Gustl.

EIN NÄCHTLICHER SCHRECK

„Und morgen erkunden wir die Umgebung!“, murmelte Xaver, als er kurze Zeit später in der Koje lag. Im selben Moment fielen ihm auch schon die Augen zu. Kurz darauf ging im Wohnmobil das Licht aus. Nur eine Laterne beleuchtete den Kiesweg vom Campingplatz.

„Kannst du schlafen?“, flüsterte Lotta ihrer Freundin nach einer Weile zu.

„Nein. Opa Gustl schnarcht so laut“, sagte Rosalie leise.

„Ich muss dringend mal ...“ Zu Hause wäre Lotta schon längst auf die Toilette gegangen. Aber es war kurz vor Mitternacht. Bei dem Gedanken, allein bis zu den Waschräumen vorzugehen, lief ihr eine Gänsehaut über den ganzen Körper. „Ich trau mich nicht allein.“

Rosalie setzte sich auf. „Schade, dass wir das Bad hier drin nicht benutzen dürfen. Das wäre jetzt praktisch.“

„Ja, Opa sagt, dass er keine Lust hat, bei fünf Leuten ständig den Behälter auszuleeren.“

„Kann ich auch verstehen.“, murmelte Rosalie. „Soll ich mitgehen?“

„Das wäre super!“

Die Mädchen öffneten möglichst geräuschlos die Reißverschlüsse ihrer Schlafsäcke. Dann schlüpften sie lautlos in ihre Turnschuhe und zogen ihre Jacken über die Schlafanzüge.

Sie schlichen am zugezogenen Vorhang vorbei. Lotta hielt die Luft an. Hoffentlich wachte Opa nicht auf!

Vorsichtig öffnete sie die Tür des Campers. Ein lautes Quietschen hallte durch den ganzen Wagen. Die beiden Mädchen hielten erschrocken inne.

Aber alles blieb still. Schnell schoben sie sich durch den Türspalt. Rosalie drückte die Tür hinter sich zu und atmete die kalte Nachtluft ein. „Nachts ist es schön draußen!“

„Ja“, sagte Lotta kurz. „Komm!“

Sie gingen geradewegs auf die Waschräume zu. „In der Nacht riecht es schon nach Herbst“, fand Rosalie.

Als sie bei den Waschräumen angekommen waren, beleuchtete grelles Neonlicht den Weg. „Komisch, dass man bei Licht weniger Angst hat“, philosophierte Rosalie.

„Ich bin trotzdem froh, wenn wir wieder im Wohnmobil liegen“, meinte Lotta.

Auf dem Rückweg trabte Rosalie neben ihrer Freundin her. Erst jetzt spürte sie die Müdigkeit in ihren Knochen. Doch plötzlich waren beide Mädchen wieder hellwach. In der Hecke entlang des Weges vernahmen sie ein Schnaufen. „Was ist das denn?“, entfuhr es Lotta.

„Hört sich an wie ein Husten“, meinte Rosalie.

„Lass uns gehen!“, hauchte das Mädchen mit den roten Locken und zog ihre Freundin am Ärmel. „Wer weiß, was das ist ...“

„Wer ist da?“, sagte Rosalie mit zittriger Stimme.

„Komm!“, flüsterte Lotta. Zwischen den Zweigen bewegte sich etwas.

„Schnell weg!“ Nun wurde es auch Rosalie unheimlich. Sie nahm Lottas Hand und zog sie den Weg entlang um die Hecke herum. Blind vor Angst stießen sie plötzlich mit jemandem zusammen. Lotta schrie.

Rosalie wollte gerade ausholen und dem Gegenüber einen ordentlichen Hieb versetzen, da sagte eine bekannte Stimme: „Hey! Wir sind's!“

„Spinnt ihr, uns so zu erschrecken?!“ Rosalie schnappte nach Luft.

„Ihr könnt auch einfach ‚Danke‘ sagen“, rief Tim. „Wir haben gemerkt, dass ihr nicht mehr im Camper seid und wollten nach euch sehen.“

„Ach so“, murmelte Rosalie. „Lotta musste auf die Toilette, und ich habe sie begleitet.“
„Na, dann können wir ja jetzt wieder schlafen gehen. In meinem Schlafsack war es jedenfalls gemütlicher als hier in der Kälte“, maulte Xaver.
„Wir haben komische Geräusche in der Hecke gehört!“, flüsterte Rosalie den beiden Jungs zu.
„Geräusche?“ Tim wurde neugierig.
„Ja, es hat sich angehört wie ein Husten oder ein Schnaufen“, flüsterte Rosalie. „Blöd, dass die Straßenlaterne so weit weg ist.“
„Wir können nicht mal sagen, ob es ein Mensch oder ein Tier war!“ Lotta atmete schnell.
„Wo genau?“, wollte Tim wissen.
„Dort hinten!“ Rosalie und Lotta gingen den Weg ein paar Schritte zurück. Als sie bei der Stelle angekommen waren, hielt sich Rosalie den Finger vor den Mund. „Psst!“ Da war es wieder. Ein eigenartiges Geräusch.
Tim stellte sich breitbeinig auf den Weg und rief streng: „Kommen Sie sofort heraus!“
Aber nichts tat sich. Nur die Wolken lichteten sich, und der Mond erhellte den Campingplatz. Wieder bewegte sich etwas und hustete. „Das ist ein Tier“, meinte Xaver.
Tim hob einen Stock vom Boden auf und stocherte in die Hecke. Die anderen hielten den Atem an. „Vorsicht! Wenn es wild wird!“, flüsterte Lotta.
Wieder ertönte ein lautes Geräusch zwischen den Büschen. „Da!“ Xaver drückte die Zweige vorsichtig ein wenig auseinander.
„Ich fasse es nicht!“, rief Tim. „Ich wusste gar nicht, dass ein Igel so komische Geräusche machen kann!“
Lotta fiel ein Stein vom Herzen. „Na, du Schnüffelnase?“, versuchte sie das Tier und sich selbst zu beruhigen.

„Da glänzt etwas!“, sagte Tim. Er stocherte vorsichtig mit dem Stock unter den Zweigen herum.

„Der Igel will uns etwas zeigen“, flüsterte Rosalie.

Sofort steckten die vier ihre Köpfe in die Hecke. Ihre Augen hatten sich inzwischen an die Dunkelheit gewöhnt. „Ist der süß!“, flüsterte Lotta. Doch der Igel schimpfte laut.

„Ich glaube, er möchte nicht, dass du ihn süß nennst!“ Xaver schmunzelte. Das Stacheltier sah zu ihm und schien mit dem Kopf zu nicken.

„Ich fress ’nen Besen. Der versteht Menschensprache!“, sagte Tim fassungslos.

Lotta begann mit dem Tier zu sprechen: „Na, du Kleiner? Was hast du denn da?“

Das Tier deutete mit seiner glänzenden, schwarzen Nase auf etwas Rechteckiges. Tim klopfte mit seinem Stock vorsichtig darauf. Es klang blechern. „Sieht das nicht golden aus?“, sagte er und schob das im Mondschein glänzende Etwas näher zu sich heran.

„Eine Schatztruhe! Cool!“, rief Xaver.

„Wer lässt denn eine goldene Schatztruhe in der Hecke liegen?“, rätselte Lotta.

„Vielleicht hat sie jemand verloren“, meinte Rosalie.

„Und der Igel hat sie uns gezeigt!“, sagte Lotta.

„Das gibt es doch gar nicht, dass ein Igel den Menschen etwas zeigt!“, behauptete Tim.

„Wieso nicht?“, fragte Rosalie trotzig.
„Ein magischer Igel, klar, Schwesterchen! Du liest zu viele Fantasy-Bücher!“, erwiderte Tim.
„Was da wohl drin ist?“, fragte Xaver. Die Blicke der Kinder trafen sich. Tim angelte die Schatztruhe geschickt unter den Zweigen hervor. Der Igel wich nicht zur Seite und beobachtete das Geschehen.
„Er hat gar keine Angst vor uns“, stellte Lotta fest.
„Hier auf dem Campingplatz ist er wahrscheinlich an Menschen gewöhnt“, vermutete Tim.
„Trotzdem komisch.“ Rosalies Gedanken ratterten. Sie hatte eine Vorliebe für alles Mystische, und ihre sensiblen Antennen spürten es genau: Dieses kleine Lebewesen war nicht zufällig hier. Es sollte ihnen diese goldene Truhe zeigen. Genau hier und jetzt in dieser Nacht.
„Wartet!“, sagte Tim und leuchtete wenige Sekunden später mit dem Licht seiner Taschenlampen-App darauf.
„Wie schön! Der rote Stein da drauf ist vielleicht ein Rubin“, sagte Lotta. „Oma hat so einen Ring.“
Plötzlich wehte eine kalte Wind-Böe über den Campingplatz. Xaver griff nach der Schatulle und schlug vor: „Wir nehmen sie mit und schauen im Wohnmobil nach.“
„Gehen wir!“, sagte Rosalie und ging voraus. „Wir wollen hier schließlich keine Wurzeln schlagen.“
Die beiden Jungs folgten ihr. Lotta flüsterte dem Tierchen noch schnell zu: „Mach's gut, kleiner Igel. Danke, dass du uns die Schatztruhe gezeigt hast! Ich bin gespannt, was drin ist.“
Das Stacheltier schnuffelte und grunzte eine Antwort. Fast sah es aus, als würde es lächeln. Dann drehte es sich um und verschwand in der Dunkelheit.

DIE GEHEIMNISVOLLE SCHATZTRUHE

„Hoffentlich schläft Opa noch“, sagte Lotta.

„Immerhin brennt kein Licht!“, meinte Xaver.

Tim flüsterte den Mädchen zu: „Am besten kommt ihr gleich mit zu uns rauf in den Alkoven!“

Leise zogen die nächtlichen Streuner vor dem Wohnmobil ihre Schuhe aus. Tim öffnete vorsichtig die Tür und lauschte. Ein gleichmäßiges Schnarchen war zu hören. Die Luft schien rein zu sein. Auf Zehenspitzen schlichen die vier ins Warme.

„Hält uns das alle aus?“ Lotta sah hinauf und runzelte die Stirn.

„Klar. Da schlafen manchmal auch schwere Erwachsene drin. Da wird es uns vier Kinder schon aushalten“, flüsterte Xaver.

Nacheinander kletterten sie hinauf. Tim zog den kleinen, karierten Vorhang vor. Dann knipste er Xavers Taschenlampe an.

Xaver zerrte an dem Deckel. „Geht schwer auf ...“

Doch plötzlich sprang die Truhe auf. „Oh!“, sagte Lotta.

„Was ist das denn für ein Sammelsurium!“, meinte Tim und machte sofort ein Foto.

„So eine Art Spielzeug würde ich sagen.“ Rosalie nahm eines der Dinge heraus. „Oder Erinnerungsstücke.“

„Eine Münze!“, meinte Xaver.

Rosalie drehte und wendete das Teil. „Steht da etwas drauf?“, wollte Lotta wissen.

„Wartet! Ja, hier steht: *Kloster Lorch.*“

„Ein Kloster? Komisch“, murmelte Tim.

„Das Zeug ist aber schon älter“, meinte Xaver.

„Bestimmt hat das ein Camper verloren, der hier Urlaub gemacht hat. Und jetzt ist er traurig, weil er seine Kindheitserinnerungen nicht mehr hat“, überlegte Lotta.

„Wir können denjenigen ja suchen und es ihm zurückgeben!“, sagte Xaver sofort.

„Ja, gute Idee!“, fand Lotta. „Das machen wir.“

„Und wie wollen wir das anstellen? Da steht kein Name drauf“, erwiderte Tim.

„Vielleicht geben uns ja die Sachen hier ein paar Hinweise!“, meinte Rosalie. Ihre Augen blitzten. Egal, ob sie diese Person jemals finden würden oder nicht – sie liebte Detektiv-Rätsel mit ihren Freunden ...

„Auf jeden Fall sind jemandem diese älteren Dinge so wichtig, dass er sie in einer Schatulle aufhebt. Vielleicht ist der Besitzer noch einmal zum *Kloster*

Lorch gefahren, weil es ihm früher dort so gut gefallen hat", vermutete Lotta. Rosalie und Tim nickten.

„Seht mal. Hier ist ein Schlüsselanhänger mit einem Falken darauf. Da steht ‚Stauferfalknerei', und dahinter ist auch ein Kloster abgebildet", meinte Xaver.

„Mach bitte mal ein Foto davon!", sagte Lotta zu Tim.

„Ich finde diese alten Dinge aus der Vergangenheit spannend!", meinte Xaver. „Vielleicht gibt es da heute auch noch Falken!"

Tim tippte bereits auf seinem Handy herum: „Ich hab's. Hier sind die Flugschauzeiten."

„Ich wollte schon immer mal eine Greifvogel-Flugschau sehen!" Xaver war sofort Feuer und Flamme.

Rosalie sah ihrem Bruder über die Schulter. „Da gibt's auch Kurse für Kinder! Wie wäre es mit: Greifvögel und Eule? Supercool!"

„Leiser! Ihr weckt noch Opa auf", warnte Lotta.

„Und was ist das hier?" Rosalie zog vorsichtig ein kleines Bild aus der Schatulle.

„Sieht aus, als hätte das jemand aus einem Prospekt herausgerissen", meinte Xaver.

„Tim, gib mal *‚Schelmenklinge'* ein!", forderte sie ihn auf.

„*‚Schelmenklinge*?'" Ihr Bruder lachte. „Was soll das denn sein?"

„Frag' nicht, gib es ein!"

„Oh! Das gefällt mir!", murmelte er kurz darauf. „Das ist eine Waldschlucht. Da kann man durch ein Tal wandern, und überall sind kleine Häuschen und Wasserspiele."

„Zeig!" Lotta zog Tims Arm samt Handy an sich. „Sieht aus wie im Zwergenland!"

„Das ist auch in der Nähe vom *Kloster Lorch*."

„Super! Da will ich hin", befand Lotta.

„Wow!", rief Rosalie, die in der Zwischenzeit die Schatulle genauer betrachtet hatte, ein bisschen zu laut. Schnell hielt sie sich die Hand vor den Mund und flüsterte weiter: „Hier ist auch ein Geheimfach!"

„Zeig!" Tim zog die Schatztruhe zu sich her.

„Hey!"

„Ein Geheimfach?", fragte Xaver. „Da steckt doch mehr dahinter ..."

„Das glaube ich auch", sagte Tim. „Aber es ist zu. Da braucht man einen Schlüssel."

„Ein Schlüssel war nicht drin", knurrte Rosalie und nahm die besondere Kiste wieder an sich.

„Vielleicht finden wir bei den Greifvögeln einen Hinweis", meinte Xaver. Lotta zuckte mit den Schultern. Rosalie und Tim nickten.

Plötzlich zog jemand mit einem Ruck den Vorhang zur Seite. Die Kinder zuckten zusammen.

„Greifvögel? Habt ihr mal auf die Uhr gesehen, ihr Nachteulen?"

„Oh, schon halb zwei!" Tim tat überrascht.

„Genau", sagte Opa Gustl. „Jetzt wird geschlafen! Denn eins kann ich euch versichern: Beim Camping wird nicht bis mittags ausgeschlafen!"

„Aber, Opa, wir haben ...", setzte Lotta an. Xaver zog sie unauffällig am Ärmel. Mitten im Satz stoppte sie abrupt. Xaver hatte recht. Sie wollten ihrem Geheimnis selbst auf die Spur kommen. Rosalie schob unauffällig Tims Schlafanzug über die goldene Schatztruhe.

„Ja, Opa, wir sind eh müde." Artig kletterten die beiden Mädchen hinunter. Ihre Schlafsäcke waren sogar noch angenehm warm.

Rosalie legte ihren Wombat neben sich in ihren Schlafsack und zog den Reißverschluss hoch. Lotta drückte ihren Kuschel-Teddy ganz eng an sich. „Irgendwie ist es schon komisch, so weit weg von zu Hause", flüsterte sie ihrer Freundin zu.

EIN TIERISCHES DANKESCHÖN

„Heute können wir baden gehen!“, rief Xaver, der als Erster die Nase aus dem Wohnmobil steckte. Es war ein herrlicher Morgen. Die Sonne lachte vom Himmel, und der See lag wie ein riesengroßer Blauwal vor ihnen.

„Genau! Statt zu duschen, nehmen wir ein morgendliches Bad im See!“ Tim zog sich schon sein T-Shirt aus.

„Nichts da“, sagte Opa Gustl. „Das Frühstück ist schon fertig. Ihr seht jetzt zu, dass ihr fertig werdet!“

Kichernd schnappten sich die vier ihre Waschsachen. Auf dem Weg zu den Duschräumen sagte Lotta: „Hoffentlich fährt Opa mit uns heute zu dem Kloster.“

„Opa mag Klöster. Er geht jede Woche einmal zum *Kloster Andechs* hinauf.“

„Sportlich, sportlich“, meinte Xaver, kurz bevor er mit Tim zu den Herren-Kabinen abbog.

Rosalie und Lotta begannen mit dem Zähneputzen. „Ich will aber unbedingt noch irgendwann den *Dino-Park* sehen!“, meinte Lotta.

„Ich auch“, nuschelte Rosalie und spuckte aus. Als sie aus dem Waschraum kamen, standen die Jungs schon gelangweilt in der Gegend herum. „Ihr wart ja verdächtig schnell mit eurer Katzenwäsche fertig!“, neckte Lotta sie.

„Wir haben halt nicht so viel Verschönerung nötig wie ihr!“

Rosalie ließ ihre Waschtasche fallen und jagte ihrem Bruder hinterher, der sofort Reißaus nahm. Sie schwang ihr Handtuch wie ein Lasso und rief: „Warte nur! Dich krieg’ ich schon!“

Lotta schnappte sich ihre Sachen und die Waschtasche ihrer Freundin.

Gemeinsam mit Xaver schlenderte sie zurück zum Stellplatz. „Ich hoffe, Opa findet die Idee gut und geht mit uns zu der Greifvogel-Flugschau!", meinte Xaver.

„Ja, das hoffe ich auch", antwortete Lotta. Aber sie war ganz in Gedanken. Ein paar Meter weiter sagte sie: „Xaver, geh ruhig schon mal vor! Ich komme gleich!"

„Was hast du vor?"

„Ich glaube, ich habe etwas vergessen. Ich komme gleich."

„Okay. Also ich brauche jetzt mein Frühstück", murmelte Xaver und ging voraus.

In einer etwas zurückgesetzten Parzelle stand ein Wohnwagen, der ihr vorhin schon aufgefallen war. Der Wagen schien keine Räder mehr zu haben. Davor standen Katzenfiguren in allen Varianten: aus Keramik, aus Metall und sogar ein Stubentiger, der aus Holz geschnitzt war.

Lotta sah sich unsicher um und war hin- und hergerissen. Dann fasste sie sich ein Herz und bog kurzerhand in den kleinen Garten ein. Sie stellte sich auf den Katzen-Fußabstreifer und hob mit pochendem Herzen die Hand, um zu klopfen. Doch die Tür ging bereits auf.

„Oh, hallo! Du bist Lotta, stimmt's?", sagte die Frau freundlich. „Du wunderst dich sicher, dass ich deinen Namen kenne. Ich bin fast das ganze Jahr auf dem Campingplatz. Da weiß man sofort, wer hier neu ist."

„Sie haben doch sicher eine Katze?", fing Lotta an.

„Wie kommst du denn darauf?" Die Dame lachte freundlich. „Aber natürlich hast du recht. Camper duzen sich übrigens. Ich heiße Dorothea."

„Hallo, Dorothea. Könnte ich vielleicht etwas Trockenfutter von dir haben?"

Die Augen der Frau funkelten. Ohne weiter nachzufragen, verschwand sie in ihrem Zuhause. Kurz darauf kehrte sie zurück und reichte dem Mädchen einen alten Plastikteller mit Katzenfutter.

„Danke!", sagte Lotta zufrieden und wollte gerade eine Erklärung hinzufügen. Aber die nette Dame zwinkerte ihr nur zu. ‚Komisch', dachte Lotta. ‚Möchte sie gar nicht wissen, wofür ich es brauche?'

Das Mädchen verabschiedete sich und lief eilig zur Hecke. „Hallo, Igelchen! Wo bist du?", flüsterte sie. Da war es wieder, dieses eigenartige Schnaufen. Als könnte das Stacheltier die Sprache des Mädchens verstehen, kam es auf seinen kurzen Beinchen angelaufen.

„Lieber Igel, danke für die geheimnisvolle Schatztruhe! Ich habe dir dafür ein kleines Frühstück mitgebracht."

Sie stellte die Plastikschale mit dem Trockenfutter vor die feuchte, schwarze Schnauze. Dabei spürte sie seinen warmen Atem. Das Tier grunzte vor Vergnügen und fing sofort an zu fressen.

„Ich muss jetzt los. Mach's gut, Kleiner!", sagte Lotta. Dann rannte sie eilig zum Camper zurück.

„Mensch, wo warst du denn so lange?!", rief Tim sauer. „Opa wollte uns schon als Suchtrupp losschicken!"
Lotta antwortete nicht. Sie zwinkerte Rosalie zu und drückte ihr ihren Waschbeutel in die Hand. „Ach ja, den hab' ich ganz vergessen. Danke."
Während sich die anderen genüsslich über Spiegeleier und Speck hermachten, flüsterte Lotta ihrer Freundin zu: „Ich war bei dem Igel, und ich schwöre dir: Er hat mir zugeblinzelt!"
Nach dem Frühstück setzte sich der weiße Camping-Flitzer in Richtung *Kloster Lorch* in Bewegung. „Erst sehen wir uns die Klosterkirche an und danach die Greifvögel", sagte Opa.
Xaver war drauf und dran zu widersprechen. Er hätte die umgekehrte Reihenfolge gewählt. Aber Tim warf ihm einen scharfen Blick zu. „Klar!", sagte Tim. „Wir haben Mama ja Kultur versprochen!"
Rosalie knuffte Tim unauffällig in die Seite und sagte: „Wir schicken Papa und Mama gleich danach Fotos! Damit sie sehen, wie kulturinteressiert wir sind!"
Lottas Opa sah in den Rückspiegel. „Ihr führt doch nichts im Schilde, oder?"
Die Blicke der Kinder schossen wie Laserstrahlen hin und her. „Nein! Natürlich nicht, Opa!", sagte Lotta.
„Wir machen nur ein bisschen Werbung für uns!", rief Tim.
„Werbung? Soso", sagte Opa. „Wie kommst du denn darauf?"
„Durch Papa!", sagte Tim stolz und grinste. „Wir Kinder können doch auch Werbung in eigener Sache machen."
„Die Jugend heutzutage!", sagte Opa. Dabei huschte ein Lächeln über sein Gesicht.
Plötzlich rief Rosalie, die heute vorn sitzen durfte: „Dort ist es!" Sie deutete in Richtung einer Anhöhe. Darauf thronte das mächtige Stauferkloster.

DER RUF DES FALKEN

„Das sieht ja aus wie eine Burg!“, rief Xaver begeistert. Jeder reckte seinen Kopf, um den besten Blick zu erhaschen.

„Das denkst du wahrscheinlich wegen der Ringmauer, die die ganze Anlage umgibt“, sagte Opa Gustl.

„Ich liebe Kultur!“, rief Tim. Opa Gustl lächelte.

„Hoffentlich haben wir noch genug Zeit für die Greifvögel“, murmelte Xaver.

„Wisst ihr überhaupt, wer die Staufer waren?“, stellte der Großvater die Kinder auf die Probe. Alle vier sahen einander mit hochgezogenen Augenbrauen an.

„Das war ein altes Adelsgeschlecht im Mittelalter. Sie waren sehr bedeutsam und einflussreich." Opa Gustl sah kurz in den Rückspiegel. Als er Xavers Gesicht sah, fügte er hinzu: „Übrigens, ich habe euch für den Kinderkurs ‚Greifvogel und Eule' angemeldet."
„Echt?!" Wäre Xaver nicht angegurtet gewesen, hätte er glatt einen Hechtsprung nach vorn gemacht. „Super!"
„Danke, Opa! Ich liebe Eulen!", rief Lotta und hätte ihren Großvater am liebsten umarmt.
Die *Klosterkirche* stand, wie es bei Kirchen so üblich ist, an einem besonders malerischen Platz auf einer Anhöhe hoch oben über dem Remstal.
Nachdem sie den Berg zu dem prächtigen Kloster hinaufgestiegen waren, betraten sie kurz darauf die Kirche. Ein großes Kruzifix beherrschte den Raum. Leise drehten die Kinder eine schnelle Runde. Nur Opa wollte unbedingt alles noch genauer inspizieren, also ließen sich die vier Freunde auf einer der Bänke nieder.
„Wenn ich hier in dieser Kirche sitze, habe ich das Gefühl, ich muss ehrlich sein", sagte Lotta plötzlich. Die anderen drei sahen verwundert zu ihr herüber. „Ich finde, wir sollten Opa in die Sache mit der goldenen Schatztruhe einweihen. Er weiß doch so viel. Vielleicht kann er uns sogar behilflich sein."
Rosalie nickte, ohne den Blick vom Altarraum abzuwenden. Tim und Xaver sahen einander an. Tim zuckte mit den Schultern: „Von mir aus. Wenn ihr meint ..."
„Stimmt schon. Dein Opa zeigt uns alles und fährt mit uns tagelang herum. Es ist nicht sehr nett, wenn wir es vor ihm verheimlichen", meinte Rosalie.
In dem Moment kam der Großvater zurück. „Na, Kinder, habt ihr es gehört?"
„Was denn?", wollte Rosalie wissen.
„Den Ruf des Falken!"

„Ich bin bereit!", rief Xaver und sprang mit einem Satz auf.
„Ich auch!", riefen die anderen fast im Chor.
„Psst!", machte eine ältere Dame und schüttelte den Kopf.
„'Tschuldigung", murmelte Tim, und sie verließen eiligst den heiligen Raum.
„Der Treffpunkt ist im Touristikbüro. Daran sind wir vorhin vorbeigelaufen", erklärte Gustl.
„Ja!", rief Xaver. „Das habe ich gesehen."
„Anschließend kommt ihr wieder hierher, klar?"
„Alles klar. Aber was machst du eigentlich in der Zeit, Opa Gustl?", erkundigte sich Rosalie.
„Ich sehe mir das große Stauferrundbild im Kapitelsaal an. Das zeigt auf 30 Metern Länge die Geschichte der Staufer. Und dann warte ich dort drüben im Café auf euch."

Die nächste Stunde verging wie im Flug. Nach dem Greifvogelkurs stürmten die Kinder wie vereinbart zum Café. Opa saß draußen auf der Terrasse. Alle plapperten gleichzeitig drauflos.
„Der Kurs war Wahnsinn!", rief Xaver. „Wenn ich erwachsen bin, werde ich auch Falkner!"
„Ich hatte einen Steinkauz auf dem Arm, und bei Xaver ist er auf dem Kopf gelandet!", erzählte Tim.

„Die Schleiereule war so süß, Opa. Ich will auch so eine!“ Lottas Augen glänzten.
„Wenn du mal einem Steppenadler begegnest: Gehe immer von vorne an den Adler heran! Wie bei einem Pferd“, klärte Rosalie Opa Gustl auf.
„Und wenn er geflogen kommt, immer im rechten Winkel zum Vogel stehen und dich nicht bewegen! Er verlässt sich nämlich drauf, dass der Arm so bleibt“, fügte Xaver hinzu.
Opa Gustl lächelte und sagte: „Freut mich, dass es euch so gut gefallen hat! Ihr habt euch viel gemerkt.“ Er trank den letzten Schluck Kaffee und stand auf.
„Ich habe schon wieder Hunger!“, stellte Xaver fest.
„Das ist die gute Baden-Württembergische Luft“, sagte Opa und setzte sich wieder. „Die regt den Appetit an. Ihr könnt euch im Café ein Stück Kuchen aussuchen. Ich warte hier.“
„Au ja!“ Sofort stürmten die vier ins Café und wählten Kirsch-, Schokoladen- und Käsekuchen aus.
Unverblümt wandte sich Xaver an die Dame hinter der Theke: „Hat sich bei Ihnen jemand gemeldet, der eine Schatztruhe verloren hat?“
„Was ist das denn für eine Frage?“ Die Dame musste schmunzeln. „Nein, mein Junge. Bei uns nicht.“
„Und Schlüsselanhänger verkaufen Sie wahrscheinlich auch keine?“, fragte Lotta kleinlaut.
Die Verkäuferin sah sie mit blitzenden Augen an. „Früher schon. Wartet mal! Hier müssten noch ein paar drin sein.“ Sie holte eine alte Blechdose unter der Theke hervor.
„Ui, da liegt ja auch ein Schlüssel drin!“, rief Tim plötzlich.
„Das ist ja eigenartig“, sagte die Verkäuferin.
„Genauso einen kleinen Schlüssel suchen wir“, sagte Lotta.

„Den hat hier so lange niemand vermisst, ihr könnt ihn haben.“ Die freundliche Dame reichte ihn Lotta.
„Vielen Dank!“
Die Kinder verabschiedeten sich. Auf dem Weg hinaus meinte Rosalie: „Wenn sich jemand meldet: Wie finden wir eigentlich heraus, ob derjenige der richtige Besitzer der Schatztruhe ist?“
„Das weiß ich!“, rief Xaver. „Ich hatte mal meine Geldbörse verloren. Ich musste der Dame im Fundbüro meinen Geldbeutel ganz genau beschreiben und auch sagen, was drin war.“
„Stimmt. Wer, ohne hineinzusehen, den Inhalt der Schatztruhe kennt, muss der Besitzer sein“, murmelte Tim. „Aber jetzt probieren wir erst mal aus, ob der Schlüssel zum Geheimfach passt!“
„Wir können doch nicht einfach die Schatztruhe vor Opa auspacken“, meinte Rosalie nüchtern. „Wir müssen ihn erst in unser Geheimnis einweihen.“
„Stimmt!“, sagte Lotta. Tim zuckte nur mit den Schultern.
„Kommt!“, rief Rosalie, und die vier liefen hinaus zu Großvater.
Innerhalb kürzester Zeit verschlangen sie den Kuchen.
„Ihr habt ja wirklich großen Hunger!“, staunte Opa Gustl.

Frisch gestärkt kamen sie kurze Zeit später beim Wohnmobil an. „Schuhe abklopfen!“, ordnete Opa an.
Xaver nahm freiwillig hinten Platz. Dann lehnte er sich zurück. Während der Rückfahrt zum Campingplatz ließ er seinen Gedanken freien Lauf. Ob sie wohl mit diesem Schlüssel das Geheimfach öffnen könnten?

DAS GESTÄNDNIS

Die Camper fuhren zurück in Richtung Götzenbachsee. Tim stupste seinen Freund mit dem Ellbogen an. „Wir wollten doch Opa Gustl in unser Geheimnis einweihen!“ Er zwinkerte verschwörerisch. Dann wandte er sich an den Fahrer: „Opa Gustl, du weißt doch, dass wir gestern spätabends noch einmal zu den Waschräumen gegangen sind.“

„Das hoffe ich sehr, mein Junge!“ Der Großvater lachte.

Sofort waren auch die Mädchen hellwach und warteten gespannt darauf, wie Tim die Karten auf den Tisch legen wollte. „Als wir danach zurück zum Camper gegangen sind, haben wir ein komisches Geräusch in der Hecke gehört.“

„Wir haben uns ganz schön erschrocken!“, ergänzte Lotta.

„Ja, um Himmels Willen, wieso erzählt ihr mir das erst jetzt?!“, rief Opa Gustl. „Ich soll doch auf euch aufpassen!“

„Keine Sorge!“, beschwichtigte Tim. „Es war nichts Gefährliches.“

„Es war ein Igel!“, sagte Lotta.

„Dieser Igel wollte uns etwas zeigen. Das war kein Zufall. Da bin ich mir sicher!“, meinte Rosalie.

„Was redet ihr denn da?“, sagte Opa Gustl.

„Du weißt doch, Rosalie hat ein Gespür für mystische Dinge. Sie hat in der Vergangenheit schon das eine oder andere vorhergesehen“, meinte Lotta.

„Die Schnüffelnase hat uns eine goldene Schatztruhe gezeigt!“, platzte Xaver heraus.

„Soso“, sagte Opa Gustl. „Na ja, oft haben die Dinge, die einem im Leben passieren, ja einen Sinn.“

„Genau!“, rief Rosalie. „Ich wusste, dass du uns verstehst.“
„In der Schatztruhe sind Dinge aus vergangenen Zeiten“, fuhr Tim fort. Daraufhin zog er seinen Rucksack unter dem Sitz hervor. Er öffnete die Schnalle und nahm das besondere Stück heraus. Andächtig hob er den Deckel.
„Schau!“ Er reichte die geöffnete Schatztruhe nach vorne und hielt sie dem Großvater unter die Nase. Opa Gustl wandte nur kurz seinen Blick von der Straße ab. „Oh ja, das sind sehr schöne Erinnerungsstücke.“
„Wir glauben, dass jemand die Schatztruhe verloren hat und sie jetzt sehr vermisst!“, sagte Lotta. „Deswegen wollen wir die Person suchen ...“
„Das finde ich gut. Aber ihr wisst noch nicht wirklich viel über denjenigen, stimmt's?“, sagte Opa Gustl.
„Stimmt. Aber eines ist sicher: Die Person muss auf jeden Fall älter sein“, meinte Xaver. „Denn das sind keine modernen Dinge.“
„Außerdem denken wir, dass diese Person ihre Sachen sehr gern mochte. Warum sollte sie sie sonst so lange aufheben?“, erzählte Rosalie.
„Genau!“, sagte Tim.
„Aber auf einem Campingplatz sind so viele Menschen. Und sie sind oft nur für ein paar Tage da. Ich glaube nicht, dass wir die Person finden werden“, meinte Lotta.
„Außerdem wissen wir nicht mal, ob es ein Mann oder eine Frau ist“, murmelte Xaver und ließ sich zurück in den Sitz fallen.
„Aber auf so einem Campingplatz sind doch auch oft Stammgäste“, fiel Tim plötzlich ein. „Vielleicht könnten wir die Dauercamper fragen!“
„Das ist eine sehr gute Idee“, fand Opa Gustl. „Was ist denn da eigentlich genau drin?“
Lotta nahm die Münze und den alten Schlüsselanhänger heraus. „Hier auf dieser Münze steht ‚*Kloster Lorch*‘ und der Anhänger ist von der *Stauferfalknerei*.“

„Jetzt wird mir klar, warum ihr euch heute ausgerechnet für das Kloster interessiert habt." Opa Gustl schmunzelte.

„Und es gibt ein Geheimfach!", rief Tim. „Wir müssen jetzt unbedingt schauen, ob der Schlüssel passt, den wir gerade im Café bekommen haben."

Lotta hatte den Schlüssel die ganze Zeit fest in der Hand gehalten. Mit vor Aufregung zitternden Fingern steckte sie ihn in das rostige Schloss. „Er passt!", rief sie kurz darauf. Sie drehte den Schlüssel. In dem Moment sprang eine kleine Schublade auf. Lotta griff hinein und zog etwas Schwarzes heraus, das sie sogleich an ihrem Zeigefinger baumeln ließ.

„Das ist eine alte Stirnlampe ", sagte Xaver.

„So wie die aussieht, muss sie ja wirklich uralt sein!", sagte Tim.

„Na, na, na! Diese alten Sachen haben jedenfalls immer sehr zuverlässig funktioniert!", erwiderte Opa Gustl schroff. Rosalie wunderte sich, dass er so gereizt reagierte. Doch dann erklärte er: „Heutzutage halten elektrische Geräte oft nur ein paar Jahre. Früher haben die Sachen zwanzig Jahre und länger funktioniert!"

Lotta reichte die alte Lampe an Rosalie weiter und steckte den Schlüssel in ihre Jackentasche.
„Will uns da jemand auf eine bestimmte Fährte locken?“ Rosalie kniff die Augen zusammen, bis sich auf ihrer Stirn eine Falte bildete.
„Jedenfalls braucht man Stirnlampen, wenn man nachts im Dunkeln unterwegs ist“, kombinierte Xaver.
„Oder dort, wo es tagsüber dunkel ist ...“, murmelte Opa Gustl.
„Natürlich! In Höhlen!“, rief Tim. „Xaver, davon haben wir doch gestern etwas gelesen. Kannst du dich erinnern?“
„Stimmt. Es war irgendetwas mit dunkel ...“
„Finster! Das *Finstere Loch* bei Heubach!“, riefen beide Jungen gleichzeitig. Sie schlugen zufrieden mit der Hand ein. Dann tippte Tim wie ein Wilder auf seinem Handy herum und suchte schon einmal die Route.
„Na dann, nichts wie hin!“, rief Opa Gustl.
„Lotta, gib mal *Heubach* ein!“, meinte Tim. Lotta machte sich sofort am Navi zu schaffen.

DAS FINSTERE LOCH

Die Mittagssonne brannte vom Himmel. Sie parkten auf einem Kiesplatz nahe einer Gärtnerei. „Es sind 32 Grad!“, sagte Opa Gustl. „Zum Glück können wir hier erst einmal am kühlen Bach und im Schatten der Bäume gehen.“
Das war sehr angenehm. Doch nach ungefähr einer halben Stunde zweigten sie auf einen steilen Pfad in den Wald ab. „Wie weit geht es denn noch bergauf?“, wollte Lotta bald wissen.
„Dort hinten! Wir haben es geschafft!“, rief Xaver und rannte vor zu dem großen Höhleneingang. Aber das schwere Eisengitter schien verschlossen. „Eigentlich müsste es offen sein. Der Eingang ist nur zwischen Oktober und Mai wegen der Fledermäuse verschlossen.“
„Wo ist eigentlich dein Opa, Lotta?“, fragte Tim. „Er war doch eben noch da.“
„Er kommt sicher gleich. Wir sollen schon mal Richtung Höhle gehen“, antwortete das Mädchen.
„Seht doch!“, zischte Rosalie plötzlich. Sie zeigte mit dem Finger zu den Wurzeln einer großen Buche.
„Das gibt's doch nicht!“, rief Xaver. „Ein Igel!“
„Hoffentlich ist er nicht im Camper mitgefahren ...“, sorgte sich Lotta.
Tim lachte. „Genau. Im Stauraum, beim Klapptisch.“
„Das hat etwas zu bedeuten!“, rief Rosalie. In ihrem Bauch kribbelte es schon wieder, als würde sie eine Achterbahn hinabrauschen. Sie ging in die Knie und sagte: „Na, du kleiner Igel! Du bist doch nicht zufällig hier, stimmt's? Was willst du uns denn diesmal sagen?“
Tim verdrehte die Augen. Xaver grinste breit.

Lotta ging ebenfalls in die Knie und betrachtete das Lebewesen aufmerksam.
„Er hat gar keine Angst!“
Nun wackelte der Igel mit schnellen Schrittchen los. „Er will uns die Höhle zeigen!“, rief Xaver.

Die Kinder blieben ihm dicht auf den Fersen. Die kleine Schnüffelnase lief schnurstracks unter dem Tor hindurch.

„Du passt da vielleicht durch, aber wir nicht!“, sagte Xaver.

Rosalie fasste mit beiden Händen an die Gitterstäbe. Plötzlich, wie durch ein Wunder, bewegte sich das Tor. „Es geht auf!“

„Danke, Igelchen! Wie hast du das denn gemacht?“, fragte Lotta. Der Igel blieb kurz stehen. Aber er ging nicht in die Höhle, sondern grunzte den Kindern etwas zu, drehte sich dann um und verschwand wieder im Dickicht.

Xaver und Tim sahen einander an. Dann folgten sie Rosalie, die bereits losgegangen war. Kalte Luft schlug ihnen aus dem Inneren der Höhle entgegen.

„Wollen wir nicht auf Opa warten?“, flüsterte Lotta, aber niemand reagierte.

Je weiter sie den Gang entlanggingen, desto dunkler wurde es. „Wartet mal!“, rief Tim. Er setzte die alte Stirnlampe auf. Xaver nutzte die Pause ebenfalls und kramte im Rucksack nach seiner Taschenlampe.

Plötzlich leuchtete ihnen ein heller Scheinwerferstrahl ins Gesicht. Sie waren geblendet und sahen erst einmal gar nichts. Lotta blieb fast das Herz stehen.

Als sich ihre Augen langsam an das Licht gewöhnt hatten, konnten die Kinder nur die dunklen Umrisse zweier Männer mit Helm erkennen. In Tims Kopf liefen sämtliche Gruselgeschichten ab, die er jemals gelesen hatte.

Xaver klammerte sich an seine Taschenlampe. Seine Knie waren weich wie Butter.

„Kinder dürfen Höhlen nicht ohne Erwachsene betreten!“, rief eine tiefe Männerstimme. „Wisst ihr denn nicht, wie gefährlich das ist?“

Lotta wäre am liebsten davongerannt, aber ihre Füße waren vor Angst wie festgewurzelt. Sogar die Sprache hatte es ihr verschlagen.

Die beiden Schatten kamen immer näher auf sie zu. Tim tastete nach dem Schalter an seiner Stirnlampe. Endlich fanden seine zittrigen Finger den „On“-Schalter.

Im Lichtkegel konnten sie die beiden Männer nun etwas genauer erkennen.
„Opa?“, stotterte Lotta.
„Opa Gustl!“, rief Rosalie. „Du hast uns vielleicht erschreckt!“
Tim und Xaver starrten den anderen Mann an. Er war groß und sah mit seinem Helm irgendwie beunruhigend aus.
Lotta lief zu ihrem Großvater und fiel ihm in die Arme. Insgeheim hätte Tim sich in diesem Moment auch gern an Opa Gustl gedrückt. Stattdessen rückte er etwas näher an seinen Freund heran. Xaver wich nicht zur Seite.
„Darf ich vorstellen: Das ist Wolfgang. Er kennt diese Höhle wie seine Westentasche“, begann Opa Gustl.
Xaver war der Erste, der sich traute, etwas zu dem Fremden zu sagen: „Wir würden gern die Höhle besichtigen!“
„Soso“, sagte der Mann. „In einer Höhle können jederzeit Gesteinsbrocken herunterfallen.“ Er stellte eine riesige Tasche ab und nahm vier blaue Kinderhelme heraus.
Ohne zu murren, setzte jeder seinen Kopfschutz auf. Xaver leuchtete inzwischen an die Steinwände. „Stark!“, rief er begeistert.
Wolfgang begann zu erzählen: „Das *Finstere Loch* ist eine Karsthöhle hier im Felsmassiv *Rosenstein* bei Heubach. Früher nannte man es auch kurz: Finsterloch. Die Höhle ist 140 Meter lang und damit die längste des Rosensteins.“
Begeistert machten die Kinder Fotos. Dann folgten sie den beiden Männern den Höhlenweg entlang.
„Hier hat jemand was hingemalt“, sagte Lotta.
„Wo?“ Tim stand sofort neben ihr. „Sieht aus wie ein Wasserfall.“
„Da steht etwas. Ist das ein ‚M‘?“ Tim versuchte es zu entziffern.
„Und das ist ein ‚U‘. Mu ... Muuhh!“ Xaver lachte und sprang wie ein vergnügtes Kälbchen auf und ab. Tim und Lotta lachten mit.

„Vorsicht! Hier ist es rutschig“, warnte Opa Gustl.
Rosalie wandte sich an Lotta: „Bei deinem Opa habe ich immer das Gefühl, dass er sich überall auskennt.“ Ihre Freundin nickte.
„Wisst ihr, was Höhlenmusik ist?“, fragte der andere Mann. Die vier schüttelten die Köpfe. „Dann seid mal leise, und spitzt die Ohren!“
Die Kinder lauschten. Sie hörten ein leises, hellklingendes Tropfen. „Irgendwie beruhigend“, fand Rosalie.
„Richtig. Hier kann man die Stille genießen“, meinte Wolfgang.
In der Nähe des Eingangs knipsten die Kinder Stirn- und Taschenlampen aus und warteten auf die beiden Herren. „Das war interessant!“, fand Tim.
Plötzlich zischte etwas über ihre Köpfe hinweg. Tim, Lotta und Rosalie zogen sofort ihre Köpfe ein. Nur Xaver streckte reflexartig die Hand aus und schnappte danach. „Eine Fledermaus!“, rief er und zeigte sie den anderen.
„Eine Plastikfledermaus“, knurrte Tim.
Die Kinder drehten sich um. Hinter ihnen standen die beiden älteren Herren mit ihren Helmen in der Hand. Auf beiden Gesichtern machte sich ein Grinsen breit.
„Xaver hat jedenfalls keine Angst vor Fledermäusen!“, meinte Opa Gustl.
„Natürlich nicht!“, sagte Xaver und warf das Plastiktier zu Opa zurück. Sie landete direkt in seinem Helm.
„Treffer!“, rief Tim. Die anderen klatschten.
Als sie wieder vor der Höhle standen, bedankten sich die Kinder für die spannende Führung. „Geht ruhig schon mal vor!“, sagte Opa Gustl. „Hier, Xaver, du nimmst den Schlüssel.“
Die Vier rannten den Weg zurück zum Wohnmobil. Auf dem Kiesplatz angekommen, schloss Xaver auf. Tim kletterte als Erster hinein. Xaver sprang auf den Fahrersitz und drehte das Lenkrad. „Seid ihr alle angeschnallt? Abfahrt!“

Die anderen lachten. „Also, Höhlenforscherin werde ich bestimmt nicht“, ließ Lotta die Besichtigung noch einmal Revue passieren. „Immer im Feuchten und Dunkeln zu sein, das muss man schon mögen.“

„Wir sind ja auch keine Fledermäuse!“, scherzte Tim. „Übrigens, was haltet ihr davon, wenn wir Opa dazu überreden, heute Abend ein Lagerfeuer zu machen?“

„Gerne!“, rief Xaver sofort.

„Und während ihr Würstel grillt, gehen Lotta und ich zum *Irrgarten*“, sagte Rosalie.

In diesem Moment kam Opa Gustl zurück. Er scheuchte Xaver mit einer Handbewegung vom Fahrersitz. „Heute wird gegrillt! Habt ihr die Feuerstelle am Götzenbachsee gesehen? Die wartet geradezu auf uns!“

„So machen wir's, Opa!“, rief Lotta.

Die Jungs lehnten sich zufrieden zurück. „Bis Opa alles fürs Feuer vorbereitet hat, erkunden wir die Gegend!“, sagte Tim zu Xaver.

DER IRRGARTEN

Kaum waren sie zum *Campingplatz Götzenbachsee* zurückgekehrt, rannten die beiden Mädchen sofort zum *Irrgarten*. „Hier geht's lang!", rief Lotta und lief zwischen den hohen Hecken hindurch.
„Hilfe! Ich habe mich verirrt! Wie soll ich hier nur je wieder rauskommen!", mimte Rosalie die Verzweifelte.
Lotta musste lachen. „So ein Gartenlabyrinth gefällt mir! Vielleicht lege ich bei Opa und Oma im Garten auch so eines an."
„Hier lang!", rief Rosalie und musste plötzlich vor einer Hecke abbremsen. „Oh, eine Sackgasse. Hilf mir mal, mein Rucksack hängt fest!"
„Warum hast du den denn überhaupt mitgenommen?"
„Ich weiß auch nicht. Ich wollte die Schatztruhe einfach dabeihaben."
Kurz darauf erreichten die beiden Mädchen die hölzerne Aussichtsplattform. Flink wie die Wiesel stiegen sie hinauf. Oben angekommen, riefen sie ein lautes „Wir-sind-hier!" hinüber zu den Jungs, die gerade eine ellenlange Betontreppe in Richtung See abstiegen.
„Sie haben uns nicht gehört", meinte Lotta. Die Mädchen sahen einander an. Dann riefen sie noch einmal, so laut sie konnten.
„Die sind taub wie immer", murrte Rosalie. „Komm, wir gehen zu Opa. Ich habe Hunger."
„Ich auch", antwortete Lotta. „Bin ja gespannt, wie weit er schon mit dem Feuer ist."
Lottas Fußspitzen berührten noch nicht ganz den Boden, da hörte sie ein inzwischen vertrautes Geräusch. Sie hielt inne. „Psst!"

Plötzlich sah sie, woher das Quietschen kam. „Ich fasse es nicht!“, sagte sie so leise wie möglich und zeigte unter die Aussichtsplattform. Jetzt sah es Rosalie auch.

„Unser Igel!“, flüsterte sie freudestrahlend. Die beiden Mädchen stiegen in Zeitlupe die letzten Holzstufen hinunter. Lotta ging in die Knie.

„Igelchen, du bist wohl wieder hier, um uns etwas mitzuteilen?“, fragte sie mit freundlicher Stimme. Es kam mit seiner schwarzen, glänzenden Schnuppernase ganz nah an Lottas Bein und schnüffelte.

„Wie zutraulich er zu dir ist. Irgendwie hast du einen besonderen Draht zu Igeln!“, meinte Rosalie.

Lotta lächelte stolz. Dann konzentrierte sie sich wieder voll und ganz auf das stachelige Lebewesen. Das Tier grunzte und schnatterte aufgeregt vor sich hin.

„Was kann das nur bedeuten?“, sagte Rosalie. „Das ist doch kein Zufall.“

Lotta konzentrierte ihre ganze Aufmerksamkeit auf das Stacheltier. Rosalie wagte kaum zu atmen.

„Er sieht immer zu deinem Rucksack. Ich weiß, was er uns sagen will“, sagte Lotta.

„Echt?“

„Er sagt, dass wir uns nicht beirren lassen sollen. Wir werden das Rätsel lösen, wenn wir weiter die Hinweise beachten.“

„Nicht beirren lassen? Im Irrgarten!“ Rosalie kicherte. Dann wandte sie sich an das Tierchen: „Danke, kleiner Igel! Es tut gut, das zu hören!“

Das Stacheltier verschwand zwischen den Hecken. „Er sucht sich jetzt Schnecken fürs Abendessen“, sagte Lotta. „Oma sagt immer: Wer Salat im Garten pflanzt, sollte auch einen Igel haben!“

„Du bist echt eine Igelflüsterin!“, rief Rosalie. „Und apropos Abendessen. Ich hoffe, Opa hat für uns etwas Leckeres auf den Grill gelegt!“

„Aber bitte keine Schnecken!“

Als die Mädchen bei der Feuerstelle eintrudelten, wartete Xaver schon ungeduldig. „Wo wart ihr denn solange?“

„Dort oben, beim Labyrinth“, erklärte Lotta.

„Irgendwie“, philosophierte Rosalie. „scheint man im Irrgarten nicht nur den Weg, sondern auch die Zeit zu verlieren ...“

EIN HINWEIS AM LAGERFEUER

„Ich verteile schon mal!“, rief Xaver beim Anblick des brutzelnden Abendessens und griff nach der Grillzange. Geschickt lud er Würstchen und Folienkartoffeln auf die Teller.

„Für mich bitte das Steak hier!“, orderte Tim.

„Da komme ich ja gerade richtig!“, sagte plötzlich eine fremde Stimme, die aus dem Nichts aufgetaucht war. Es war ein Mann mittleren Alters. Seine blonden Haare standen in alle Richtungen ab und umrahmten sein freundliches Gesicht.

„Hallo, Thomas!“, begrüßte ihn Opa Gustl.

„Das ist der Mann aus der Anmeldung“, flüsterte Xaver seinem Freund zu.

„Ich wollte mal die nächste Generation Camper kennenlernen!“, rief der Mann fröhlich.

„Magst du mitessen?“, fragte Opa Gustl.

„Nein, danke. Aber ich habe euch etwas mitgebracht“, sagte Thomas und hielt Gustl eine eiskalte Flasche hin.

„Kirschschorle“, konnte Lotta in der Dunkelheit gerade noch entziffern. „Lecker!“

Schnell ließ sie sich neben ihrer Freundin auf der Holzbank nieder. Unauffällig deutete sie auf den Rucksack, den Rosalie hinter der Sitzbank abgestellt hatte. Rosalie verstand sofort.

Gemeinsam tranken sie das erfrischende Getränk. „Jetzt?“, fragten Lottas Augen.

Ihre Freundin nickte.

„Wir haben eine Schatztruhe gefunden ...“, begann Lotta vorsichtig an Thomas gewandt, „... und wollen sie ihrem Besitzer zurückgeben. Wissen Sie vielleicht, wem sie gehört?“
Rosalie griff in den Rucksack und nahm das alte Stück vorsichtig heraus. Andächtig hob sie den schweren Deckel an und hielt dem Mann die geöffnete Truhe hin.
„Oh!“, sagte Thomas und starrte hinein. „Da ist ja wirklich sehr schön!“ Er sah erst Opa Gustl, dann wieder die Kinder an und wechselte das Thema: „Ihr könnt mich übrigens gerne duzen.“
„Oh ja, natürlich. – Hast du eine Idee, wem diese Truhe gehören könnte?“, wiederholte Lotta.
Thomas zuckte mit den Schultern und sagte: „Bei mir hat bisher niemand danach gefragt.“
„Wir geben dir am besten unsere Telefonnummern. Dann kannst du uns Bescheid geben, wenn sie jemand vermisst“, schlug Xaver vor.
„Gute Idee.“ Thomas nahm einen Schluck Kirschschorle. „Wart ihr eigentlich schon bei den *Murrhardter Wasserfällen* im *Naturschutzgebiet Hörschbachschlucht*? Das solltet ihr euch nicht entgehen lassen.“
Die Blicke der Kinder trafen sich. „Das ist interessant!“, sagte Xaver. „In der Schatztruhe ist auch ein altes Schwarz-Weiß-Foto, auf dem ein Wasserfall abgebildet ist ...“
„Das könnten die *Murrhardter Wasserfälle* sein“, meinte Rosalie und kratze sich an der Stirn.
„Klingelt da was bei euch?“, fragte Xaver. „In der Höhle war ein Wasserfall aufgemalt und daneben stand: Mu.“
„Stimmt! Das passt zusammen“, meinte Lotta.
„Wasserfall klingt auf jeden Fall gut. Morgen soll es eh wieder heiß werden“, rief Tim.

„Opa, morgen stehen wir früh auf!“, sagte Lotta und trank ihr Glas leer.
Das Feuer war inzwischen heruntergebrannt. Nur noch wenige kleine Flammen züngelten schwach zwischen den verkohlten Holzresten. Xaver stocherte mit einem Stock herum, sodass die Glut neu entflammte.
„Soll ich noch etwas nachlegen?“, fragte er.
„Nein, lass mal“, sagte Opa Gustl. „Ihr wollt ja morgen früh raus.“
„Wir sind auch ziemlich müde. Gute Nacht!“, rief Xaver und jubelte innerlich: ‚Wenn Opa noch draußen bleibt, können wir ungestört mit Tims Handy spielen!‘
„Stopp!“, rief Opa. „Hiergeblieben!“ Die Kinder drehten sich verdutzt um.
„Jeder von euch nimmt etwas mit! Ich bin schließlich nicht euer Butler!“
„Ha! Das wäre cool!“, rief Tim und lachte.
„Wer frech ist, muss morgen früh abwaschen!“, konterte Opa Gustl.
„Wir sind doch gaaanz lieb!“, riefen alle vier wie aus einem Munde und machten sich, mit Campinggeschirr bepackt, aus dem Staub.
Die beiden Männer saßen nun allein am Lagerfeuer. Thomas zwinkerte Opa Gustl zu. Dann nahm er ein Holzscheit und warf es in die Glut.

TIEF IN DER SCHLUCHT

„Kommt ihr zum Frühstück, Kinder?“, rief Opa Gustl.

Im Wohnmobil duftete es nach frischem Kaffee und Speck. Gustl stellte jedem von ihnen eine Tasse Früchtetee vor die Nase. Xaver versenkte mit größtem Vergnügen sein Messer bis auf den Boden im Nuss-Nougat-Creme-Glas. Opa nahm die heiße Pfanne und verteilte die Spiegeleier.

„Mir macht Campen riesigen Spaß!“, sagte Xaver. „Man kann den ganzen Tag machen, was man will!“

„Und doch hat man immer ein Zuhause dabei!“, fügte Rosalie hinzu.

„Ich finde Campen auch super!“, rief Lotta. „Mir wäre es auch egal, wenn mein Wohnwagen keine Räder hätte.“

„Höre ich da eine zukünftige Dauercamperin reden?“ Opa Gustl schmunzelte. „Wo würdest du denn deinen Wohnwagen hinstellen?“

„Hier vielleicht. Mir gefällt's hier gut! Eigentlich wollte ich ja heute gern zum Streichelzoo in Öhringen fahren. Dort könnten wir Ponys, Esel und Ziegen streicheln. Papageien und Hängebauchschweine gibt es auch“, sagte Lotta. „Aber der Wasserfall ist wichtiger.“

Rosalie und Tim nickten. „Auf geht's zur *Hörschbachschlucht*!“, rief Xaver.

„Vielleicht lebt der Besitzer der Schatztruhe dort wie ein Einsiedler in einer Hütte am Wasserfall“, überlegte Xaver.

„Ist klar!“, sagte Lotta und lachte. „Weil du gerne so eine Hütte im Wald hättest!“

Tim recherchierte. „Auf jeden Fall sind es nur 37 Kilometer bis dorthin!“

Etwas später parkte Opa Gustl das Campingmobil auf dem ausgewiesenen „Wanderparkplatz zum Vorderen Wasserfall". Während er seine Wanderschuhe zuschnürte, sagte er:
„Für heute Abend habe ich einen Platz auf dem *Campingplatz Murrhardt-Waldsee* reserviert. Dann müssen wir nach unserer Wanderung nicht mehr so weit fahren."
„Wir fahren von See zu See!", fiel Lotta auf.
„Stimmt", sagte Opa. „Ist das nicht herrlich? Am Nachmittag können wir noch baden." Opa Gustl schnallte sich den Rucksack auf den Rücken und zog seinen Wanderstock unter dem Reisegepäck hervor. Anschließend kontrollierte er, ob alle Türen des Wohnmobils verschlossen waren. „Habt ihr alle eure Regenjacken? Bei einem Wasserfall kann es feucht werden."
„Ja, haben wir."
„Richtiges Schuhwerk? Der Weg kann rutschig sein. Er ist für geübte Wanderer." Der Großvater musterte die Kinder von oben bis unten. Die vier zeigten artig ihre Schuhe.
Opa nickte zufrieden, und die Wandertruppe setzte sich in Bewegung. Sie gingen zuerst zum *Vorderen Wasserfall*. „Der ist sehr schön!", sagte Lotta. „Aber es ist nicht der auf dem Foto." Xaver nickte.
„Ich habe ihn mir, ehrlich gesagt, auch etwas größer vorgestellt", meinte Tim.
„Lasst uns weitergehen!" Der unbefestigte Naturpfad zog Rosalie magisch an. Es duftete nach Holz und frischer Erde. Kurz darauf kamen sie an eine Brücke.
„Ui, da geht es ganz schön runter!", sagte Lotta.
„Passt auf! Die Brücke hat kein Geländer!", warnte der Großvater die Kinder.
„Hier gibt's Schwammerl!", rief Xaver plötzlich.
Gustl hielt sofort an. „Wunderbar! Ein Steinpilz!" Als leidenschaftlicher Pilzsucher konnte er dieser Versuchung nicht widerstehen. „Geht ihr schon vor! Geht einfach immer weiter den Weg entlang!"

„Das schaffen wir, Opa!“, sagte Lotta. „Hier sind ja auch Wegweiser.“
„Ihr seid super!“, sagte der Großvater. „Ade!“ Und schon war er im Wald verschwunden.
Als Lotta die überraschten Blicke der anderen sah, zuckte sie mit den Schultern. „Er kann nicht anders“, sagte sie. „Wenn es irgendwo Schwammerl gibt, ist Opa wie ferngesteuert.“
„Psst!“, machte Rosalie plötzlich. Zwischen den Bäumen stand ein Reh. Sofort blieben die Kinder stehen und betrachteten das schöne Wildtier. Sein Fell glänzte. Es sah direkt zu den Kindern hinüber. Keiner rührte sich. Von Angesicht zu Angesicht standen sie sich gegenüber. Das Tier schien kaum Angst zu haben. Nach einer Weile ging es langsam ein paar Schritte und begann, an ein paar Ästen zu fressen. Mucksmäuschenstill sahen die Kinder zu.
Irgendwann, nach einer ganzen Weile, sprang das hellbraune Tier los und verschwand im Unterholz.
„Entzückend!“, rief Rosalie.

„Besser als Fernsehen", murmelte Tim. „Aber jetzt los!" Er zog seinen Kompass aus der Hosentasche. „Mir nach! Ich führe euch in die Tiefen der Schlucht!"
„Ich höre den zweiten Wasserfall schon rauschen!", rief Xaver und beschleunigte seinen Schritt.
Plötzlich knackte es im Gebüsch. Lotta wich einen Schritt zurück. „Hallo Kinder!", rief Gustl mit einem zufriedenen Lächeln auf dem Gesicht.
„Hab ich mich erschrocken!", rief Lotta.
„Entschuldigung", murmelte der Großvater. Er öffnete einen Faltbeutel und präsentierte stolz die Prachtexemplare. Seine Augen glänzten. „Heute Abend gibt es Pilzpfanne!"
„Wir haben auch ein Prachtexemplar gesehen!", fiel Xaver ein und berichtete von dem wunderschönen Reh.
„Wahnsinn! Ist der groß!", rief Tim, der schon vorausgelaufen war.
Die anderen drei rannten sofort zu ihm. „Stark!", meinte Xaver beeindruckt. Enorme Wassermassen stürzten mit gewaltiger Kraft und begleitet von einem lauten Tosen den Abhang hinunter.
„Man nennt ihn den *Hinteren Wasserfall*", erklärte Opa Gustl. „Er ist zwölf Meter hoch. Im Winter bilden sich herrliche Eisformationen, das sieht absolut märchenhaft aus!"
„Thomas hat nicht zu viel versprochen!", fand Tim.
„Oben gibt es noch das *Kläpple*. Wenn man diese kleine Klappe öffnet, kann man auch, wenn es gerade wenig Wasser gibt, einen Wasserfall sehen."
„Das machen wir!", rief Tim sofort.
„Stopp, hiergeblieben! Heute gibt es genug Wasser!"
Rosalie streckte beide Arme in die Luft. „Das hier ist ein magischer Ort!"
„Ja, Wasserfälle sind besondere Orte. Manche Leute meinen, sie geben Kraft", sagte Opa Gustl.
„Ich spüre es! Wir sind an einem Kraftort!", rief Rosalie entzückt.

Gemeinsam betrachteten sie das grandiose Naturschauspiel. Die Gischt schillerte mystisch im Sonnenlicht, und Sprühnebel befeuchtete ihre Gesichter.

Nach ein paar Minuten setzte sich Rosalie auf einen Stein und suchte in ihrem Rucksack nach Taschentüchern. Dabei fiel ihr eine matschige Stelle auf. „Das kann doch nicht wahr sein!“, sagte sie laut.

„Was denn?“ Lotta drehte sich zu ihr um. Ihre Freundin deutete zu der feuchten Stelle.

„Ich wusste es!“, rief Lotta glücklich.

Nun hatten sie auch die Aufmerksamkeit der Jungs erregt. „Wer hat denn hier einen Igel in den Schlamm gezeichnet?“, murmelte Tim.

„Uns ist doch nirgends jemand begegnet“, sagte Xaver. „Opa, komm mal her!“

„Komisch“, meinte der Großvater. „Habt ihr den Strich dort gesehen?“

„Das soll ein Pfeil sein!“, sagte Tim und fuhr mit seinem Stock die Pfeilspitze nach.

„Er zeigt dort rüber!“, meinte Lotta. Die fünf Wanderer liefen immer tiefer in die Schlucht hinein.

„Hier!“, rief Xaver. Er hatte etwas neben einem Stein entdeckt.

„Sieht aus wie ein Horn!“, sagte Tim.

„Ein Horn?“, wiederholte Rosalie aufgeregt und machte sofort ein Foto.

Xaver hob es hoch. „Sieht aus, als hätte das hier jemand extra auf Moos gebettet!“, murmelte er.

„Wahrscheinlich war das der Igel!“ Tim kicherte.

„Wofür braucht man so etwas?“, wandte sich Rosalie an Opa Gustl.

„So ein Horn haben früher zum Beispiel Nachtwächter benutzt. Wenn die Kirchturmuhr zur vollen Stunde läutete, ließ er seinen Nachtwächterruf ertönen und gab ein Signal mit dem Horn ab.“

„Wie kommt das denn hierher?“, fragte sich Tim.

Doch Opa Gustl reagierte nicht auf seine Frage. Das kam Tim merkwürdig vor.

Doch dann lauschte der Junge wieder den spannenden Erklärungen des Großvaters: „Die Leute früher im Mittelalter waren froh, dass die Wächter für ihre Sicherheit gesorgt haben. In der Nacht waren viele lichtscheue Gestalten unterwegs."

„Lichtscheue Gestalten?", fragte Tim.

„Diebe und andere Verbrecher!", zischte Xaver.

„Oh je", sagte Lotta und spürte, wie eine Gänsehaut ihren Körper hinaufkroch.

„Auf jeden Fall nehmen wir das Horn mit", beschloss Rosalie. „Das soll uns etwas sagen."

Der Sprühnebel des Wasserfalls hatte ihre Kleidung feucht umhüllt.

„Meine Socken sind nass", sagte Tim.

„Dann lasst uns lieber zurückgehen!", sagte Opa Gustl und versuchte, ein finsteres Gesicht zu machen. „Vielleicht spuken hier gegen Abend auch lichtscheue Gestalten herum!"

„Oh je! Nichts wie weg!", kreischte Tim. Die anderen vier lachten und folgten ihm den Forstweg entlang.

„Ich spring nachher noch in den See!", sagte Rosalie.

„Ich auch!" Xaver drehte sich um und lief ein paar Schritte rückwärts. „Opa Gustl, kannst du uns, während wir schwimmen, die Pilzpfanne machen?"

EIN ORT WIE IM MÄRCHEN

Die Augustsonne heizte bereits seit ein paar Stunden das Wohnmobil auf, doch die Kinder schliefen immer noch. Plötzlich ertönte ein schrilles „Täräää!".

Schlagartig saßen Rosalie und Lotta aufrecht im Bett. „Oh Gott! Was ist das denn?", rief Rosalie erschrocken. Die Jungs drückten sich ihre Kissen auf die Ohren.

Opa stand mit einem breiten Grinsen vor ihnen und blies ins Horn. Zu guter Letzt fing er auch noch zu singen an:

„Hört, ihr Leut', und lasst euch sagen,
heut' hat's schon halb zehn geschlagen!"

„Opa!", rief Lotta vorwurfsvoll.

„Ich werde doch in meinem eigenen Wohnmobil noch einen Nachtwächterruf ertönen lassen dürfen!", beschwerte sich ihr Großvater und grinste.

„Es ist noch früh am Morgen! Warum machst du so einen Lärm?", beschwerte sich Rosalie.

„Von wegen früh am Morgen!", rief Opa Gustl. „Raus aus den Federn, ihr Nachteulen! Oder habt ihr im Schlaf vergessen, dass ihr noch etwas Wichtiges vorhabt?"

Xaver sprang vom Alkoven hinunter und landete mit seinen nackten Füßen auf dem glatten Boden des Wohnmobils. „Ich habe gerade von einem Frühstücks-Buffet im Hotel geträumt!", sagte er. „Ich sehe mal nach, ob ich irgendwo Semmeln auftreiben kann."

„Sehr löblich!“, meinte Opa Gustl und machte sich in der Mini-Küche zu schaffen.
Tim zog seine Decke bis unters Kinn und überlegte. „Nachtwächter gibt es in vielen Städten. Mal sehen, welche Städte es hier noch gibt ...“ Er tippte eifrig auf seinem Handy herum. „Schwäbisch Hall, Heilbronn, Crailsheim, Rothenburg ob der Tauber ...“ Er las sich selbst die Namen vor und ließ sie auf sich wirken.
„In diesen Städten gibt es überall sehr viel zu entdecken ...“, meinte Opa Gustl. Langsam goss er kochend heißes Wasser in die Teekanne. Es duftete nach Bergkräutern.
Rosalie war begeistert: „Eine mittelalterliche Stadt zu besuchen ist Kultur! Dann können wir Mama wieder ein Foto schicken!“
„Ich glaube, eure Mutter dachte eher an ein Museum“, erwiderte Opa Gustl. „Ich schlage vor, wir fahren heute nach Schwäbisch Hall-Wackershofen. Dort gibt es das *Hohenloher Freilandmuseum*. Da könnt ihr sehen, wie man früher gelebt und gearbeitet hat.“
„Aber Opa, wir wollten doch der Spur mit dem Nachtwächterhorn nachgehen“, erwiderte Tim.
„Klar“, sagte Opa Gustl. „Aber jetzt ist noch helllichter Tag!“
„Freilandmuseum finde ich gut!“, meinte Lotta.

Zwei Stunden später spazierten sie gemütlich durch die historischen Bauernhöfe, Scheunen, Mühlen und die Kapelle des *Hohenloher Freilandmuseums*.
„Es sieht hier aus wie im Märchen!“, meinte Rosalie.
„Hier würde ich gerne leben!“, rief Lotta begeistert.
„Ja, ich finde es auch sehr schön“, sagte Opa Gustl. „So hat man früher gelebt. Allerdings ohne Strom, ohne Computer und Fernsehen.“
„Das wäre nichts für mich.“ Tim schüttelte sich.

„Kommt!“, rief Xaver. „Dort drüben!“
„Die gefallen euch natürlich“, sagte Opa Gustl. „Das sind die Coburger Fuchsschafe. Die Lämmer haben rot-braunes Vlies, daher der Name.“
„Die Schweine dort sind niedlich!“, fand Tim.
„Schwäbisch-Hällische Landschweine“, las Rosalie von einem Schild vor. „Die sind echt cool!“
Nachdem sie eine ganze Weile über das Gelände gestromert waren, sagte Lotta: „Jetzt will ich aber auch noch nach Schwäbisch Hall in die Stadt!“
„Na logisch!“, meinte Opa Gustl.
Nach kurzer Fahrt schlenderten sie am Flussufer entlang in Richtung der historischen Altstadt. „Wie heißt der Fluss hier?“, wollte Xaver wissen.
„Das ist der Kocher“, sagte Opa Gustl. „Schwäbisch Hall liegt an einer alten Salzquelle im Kochertal. Früher wurde es nur ‚Hall‘ genannt. Das ist ein typischer Name für einen Ort, an dem Salz gewonnen wurde. Durch das ‚weiße Gold‘ kam die Stadt im Mittelalter zu Wohlstand.“
„Deswegen gibt es hier auch so schöne Häuser. Diese gewellten Dächer und die Figuren an den Häusern sind toll!“, sagte Rosalie.

„Schade, dass man das heute nicht mehr so baut“, fand Lotta.

„Das finde ich auch“, sagte Opa. „Auf jeden Fall sind wir froh, dass diese alten Gebäude hier noch erhalten sind. Dort drüben seht ihr das *Rathaus*, und das ist die *Michaelskirche*.“

„Ich gehe kurz zu dem Brunnen dort drüben!“, rief Tim.

„Das ist der *Fischbrunnen*.“ Wieder kannte Opa Gustl sich aus. Tim rannte dorthin und versenkte beide Arme im kühlen Nass. Anschließend ließen sie sich in einem Straßencafé Spaghettieis und Banana Split schmecken.

„Wir könnten noch das *Kloster Großcomburg* besichtigen“, schlug Opa Gustl vor. „Es ist über 900 Jahre alt. Dort gibt es einen Wehrgang auf der Ringmauer. Darauf kann man um das ganze Kloster herumgehen.“

„Da fahren wir hin!“, rief Tim sofort.

„Aber Tim!“ Rosalie blinzelte ihrem Bruder zu. „Du hast doch gesagt, dass es in Crailsheim einen Nachtwächter geben soll.“

„Ach ja, stimmt."
„Vielleicht kann uns der Nachtwächter sagen, wer der Besitzer der Schatztruhe ist", überlegte Rosalie.
„Oder es ist der Nachwächter selbst!" Xaver lachte.
„Opa, auch, wenn das *Kloster Großcomburg* bestimmt total interessant ist – wir müssen heute unbedingt noch nach Crailsheim fahren!", erwiderte Lotta.
„Das Kloster würde euch zwar hundertprozentig gefallen", wiederholte der Großvater, „aber ich verstehe, dass ihr unbedingt herausfinden wollt, was es mit dem Horn auf sich hat."

Zwei Stunden später fuhr das Wohnmobil in Crailsheim ein. Xaver hatte auf Tims Handy recherchiert und schlug vor: „Als Erstes steigen wir auf den *Rathausturm*!"
„Wer schneller oben ist!", rief Tim. Die beiden Jungs hatten richtig Lust, sich auszupowern.
„Was für eine wunderbare Aussicht über Crailsheim und die Hohenloher Ebene!", meinte Opa Gustl.
„Ich habe im Internet gelesen, dass es hier auch eine Storchenkamera gibt", erzählte Tim.
„Dort drüben ist das Nest!", rief Rosalie.
„Ganz schön groß!", fand Lotta.
„Wir können heute Abend übers Handy auf die Storchenkamera schauen", schlug Tim vor.
„Wo ist eigentlich Xaver?", fragte Opa Gustl plötzlich.
„Er wollte kurz in das Touristenbüro. Das ist auch hier im Rathaus", meinte Lotta.
In dem Moment tauchte Xaver wieder auf. „Seht mal her, was ich alles habe!", rief er und wedelte mit Plänen und Prospekten. „Aber die Dame im

Touristenbüro hat gesagt, dass heute Abend leider keine Nachtwächterführung stattfindet."
„Ooch", riefen die anderen Kinder enttäuscht.
„Wir lassen uns nicht unterkriegen", meinte Opa Gustl. „Es gibt hier noch so viel zu sehen. Und in Sachen Nachtwächter fällt uns schon etwas ein. Aber jetzt gehen wir erst einmal in die Bäckerei dort drüben und nehmen uns ein paar Horaffen mit."
„Was für Affen?", fragte Tim.
Xaver grinste und knuffte seinen Freund in die Seite. „Affen aus der Bäckerei!"
Opa Gustl schmunzelte. „Das sind Hörnchen, das traditionelle Stadt-Gebäck von Crailsheim."

In der Bäckerei duftete es nach frischen Backwaren. Die freundliche Verkäuferin packte ihnen das Gebäck ein und erzählte dabei: „Am Stadtfeiertag, dem Mittwoch vor Fastnacht, verschenken wir unsere Horaffen sogar an die Kinder – kommt doch da auch mal vorbei!"
„Das ist aber nett!", meinte Rosalie.
Sie verließen den kleinen Laden und mussten natürlich sofort probieren.
„Lecker!", meinte Tim.
„Am Kreckelberg ist übrigens eine schöne Villa mit einem Vogelpark", las Xaver aus einer der Broschüren vor.
„Da will ich hin!", rief Lotta.
„Wie ihr wollt", sagte Opa Gustl. „Dann gehen wir hier lang."
Nach ungefähr einer halben Stunde erreichten sie das Ziel auf der Wilhelmshöhe. „Schau, der Pfau dort hinten schlägt ein Rad!", rief Xaver.

„Wie schön!", sagte Rosalie. „Mama hat zu Hause auch eine Pfauenfeder."
Tim schoss jede Menge Fotos, auch von Enten und Fasanen, Papageien und Kakadus.
„Opa, ich kann nicht mehr! Mein Schuh reibt so", jammerte Lotta irgendwann.
„Zeig mal her!", sagte der Großvater und untersuchte ihren Fuß. „Du hast eine riesige Blase. Wir sollten umdrehen."
Auf dem Rückweg zum Parkplatz versuchte der Großvater, seine Enkelin von ihrer schmerzenden Blase abzulenken: „Wollt ihr eigentlich gar nicht wissen, wo wir heute übernachten? Wir haben heute Nacht einen Stellplatz an ...?"
„... einem See!", rief Tim als Erster.
„Genau, mein Junge!" Opa Gustl lächelte. „Am *Campingpark Dinkelsbühl Romantische Straße* gibt es sogar einen kleinen See. Er liegt unmittelbar vor den Toren der Stadt. Dinkelsbühl liegt im Landkreis Ansbach in Mittelfranken im schönen Wörnitztal."
„In Dinkelsbühl waren wir schon einmal mit Oma", erzählte Lotta. „Oma schwärmt noch heute von der malerischen Altstadt und den schönen, historischen Häusern, stimmt's, Opa?" Er nickte.
„Was die Schatztruhe betrifft, sind wir aber heute kein Stückchen weitergekommen", sagte Lotta erschöpft. Ihre Ferse brannte und tat weh.
Der Großvater schloss die Türen des Wohnmobils auf. „Das ist so im Leben", sagte er. „Wenn es sein soll, wird es sein!"
„Außerdem haben wir viel erlebt!", erwiderte Xaver.
„Das stimmt!" Tim ließ den Rucksack schwungvoll auf den Boden knallen.
„Pass doch auf!", rief Rosalie gereizt. „Wenn jetzt die Schatztruhe kaputt ist!"
„Oh, Mann!" Tim wurde blass um die Nase. Sofort fischte er die wertvolle Schatulle heraus.

KOMMT VON IRGENDWO EIN LICHTLEIN HER?

Tim stellte die goldene Schatztruhe auf den Campingtisch. „Von außen sieht sie heil aus“, fand Xaver.
Tim öffnete den Deckel und inspizierte nun auch innen alles ganz genau. Sie schien unversehrt zu sein. Aber was war das? „Da hinten ist noch etwas ...“
„Was?“, fragte Xaver. Tim reichte die Schatulle an seinen Freund weiter.
„Wow! Da ist noch ein Geheimfach!“, rief Xaver. Sein Herz klopfte. „Vielleicht passt unser Schlüssel hier auch?“
Lotta zückte sofort den kleinen Schlüssel und stocherte damit in dem hinteren Schloss herum. „Mist! Der passt nicht.“
„Wir folgen einfach weiter den Hinweisen. Dann werden wir den zweiten Schlüssel schon finden“, meinte Rosalie.
„Ich weiß nicht.“ Lotta ließ die Schultern hängen. „Glaubst du wirklich?“
„Natürlich!“, antwortete Rosalie. „So wie beim ersten Mal. Ich habe immer mehr das Gefühl, dass uns jemand eine Spur legt.“
„So, Kinder: Jetzt ist aber Schluss für heute!“ Opa sprach plötzlich ein Machtwort. „Jetzt wird Abend gegessen, und dann ab in die Kojen! Es war ein langer Tag.“

Am nächsten Tag erkundete die Rasselbande gleich nach dem Frühstück das Gelände des Campingplatzes. Beim Anblick des kleinen Badesees war die geheimnisvolle Schatztruhe für einen Moment vergessen.
„Cool, wir können Opa fragen, ob wir uns ein Boot ausleihen dürfen!“, rief Xaver. „Oder Minigolf spielen!“

„Dort vorne ist eine Tischtennisplatte. Wir könnten ein Doppel spielen!“, schlug Rosalie vor. Gesagt, getan.
„22:20, wir haben gewonnen!“, rief Xaver und schlug mit Rosalie ein.
„Und wir sind zweiter Sieger!“, sagte Tim schnell und wollte nun auch mit seiner Spielpartnerin einschlagen.
Aber Lotta wirkte auf einmal sehr bedrückt. „Vielleicht war es doch nur ein Zufall, dass das Horn bei den Wasserfällen lag, und den Igel hat vielleicht nur irgendein Kind in den Matsch gezeichnet.“
Tim versuchte sofort, sie aufzuheitern: „Wir haben doch das zweite Geheimfach gefunden!“
„Aber keinen Schlüssel dafür ...“ Lotta ließ die Schultern hängen.
Nun schaltete sich Xaver ein. „Meine Oma sagt in solchen Fällen immer einen Spruch.“ Die anderen drei sahen zu ihm hin. „Er heißt: ‚Wenn du glaubst, es geht nicht mehr, kommt von irgendwo ein Lichtlein her‘!“
Jetzt musste Lotta lächeln.
„Die Frage ist nur, woher das Lichtlein kommt“, murmelte Rosalie.
„Ich würde sagen, wir sehen nach, wo Opa abgeblieben ist, und erkunden mit ihm Dinkelsbühl!“, schlug Xaver vor.
„Ja. Vielleicht entdecken wir dort einen Hinweis“, murmelte Rosalie.
„Lasst uns das Lichtlein suchen! Und wenn es vier Beine und Stacheln hat!“, rief Tim und grinste schelmisch. Lotta knuffte ihn in die Seite.
Kurz darauf durchquerten sie mit dem Großvater das *Wörnitztor* in Richtung Altstadt. „Mir gefällt es hier!“ Lottas Gesicht hellte sich von Minute zu Minute mehr auf.
Die Jungs liefen begeistert umher. „Cool! Hier gibt’s wieder eine Stadtmauer mit Türmen!“, rief Xaver.
„Der Mauerring ist vollständig erhalten, und es gibt 14 Türme und vier Stadttore“, las Opa Gustl aus einem Flyer der Tourist-Information vor. „Ach,

ihr könnt ja selbst lesen", sagte er dann und reichte das Faltblatt an die Kinder weiter.
Sie spazierten durch die gepflasterten Gassen, vorbei am *Haus der Geschichte* und besichtigten das *Münster St. Georg* am Marktplatz.
„Das Münster gilt als eine der schönsten spätgotischen Hallenkirchen Süddeutschlands", las Rosalie aus dem Stadtführer vor. „Wartet, hier ist auch eine Karte drin!"
Lotta beugte sich darüber. „Dann muss das dort hinten die *St.-Pauls-Kirche* sein."
Ein paar Meter weiter kamen sie an einer einladenden Eisdiele vorbei. „Opa, hier gibt es Eis und Kuchen!" Lotta fuhr sich bei dem Gedanken an den Schokoladenbecher mit der Zunge über die Lippen. Das ließ sich Opa Gustl zum Glück nicht zweimal sagen. Kurz darauf studierten die Kinder bereits die Eiskarte.
„Ich möchte gern wieder ein Banana Split!", erklärte Rosalie sofort.
„Ich auch", meinte Lotta.
„Und ich nehm den Schokolade-Kirsch-Becher!", sagte Xaver.
Opa Gustl war mit einem großen Stück Zwetschgenkuchen mit Sahne und einer Tasse Kaffee sehr glücklich.
Dann spazierten sie weiter. Plötzlich standen sie im Stadtpark an einem kleinen Weiher und blickten direkt auf das *Rothenburger Tor*. „Ach ...", murmelte Opa Gustl. „Eigentlich wollte ich euch doch das Nördlinger Tor zeigen. Dort wurden früher Pulver und Kugeln zur Verteidigung gelagert."
„Schau mal, die Schwäne dort drüben!", rief Lotta und zeigte auf einen großen Weiher außerhalb der Stadtmauer. „Wie der große Schwan die Flügel ausbreitet – richtig königlich sieht das aus."
„Ein schöner Weiher!", meinte Rosalie.
„Wo ist eigentlich Opa?", fragte Tim. Die Kinder sahen sich um.

Auf einmal ertönte ein Signalhorn. Alle Leute drehten sich danach um. Neben der Stadtmauer stand Opa Gustl und trötete nach Herzenslust. Dann fing er auch noch zu singen an:

„Hört, ihr Leut', und lasst euch sagen,
Uns're Uhr hat drei geschlagen!"

Die Menschen lachten und applaudierten. „Dein Opa ist echt witzig!", fand Tim.

„Ja, total witzig!", murmelte Lotta und wäre am liebsten im Erdboden versunken.

Neben ihnen stand ein Pärchen. Der Mann sagte: „Er ist fast so gut wie der Nachtwächter auf der Führung gestern in Rothenburg!"

„Das stimmt!", antwortete die junge Frau.

„Jetzt weiß ich, warum wir hier direkt am *Rothenburger Tor* gelandet sind!", rief Rosalie mit eindringlicher Stimme.

„Na klar!", sagte Tim. „Das ist unser Lichtlein! Lasst uns in Rothenburg den Nachtwächter suchen!"

Lotta sah sofort auf ihre Armbanduhr. „Nichts wie hin!"

Zurück am Campingplatz, fragte Lotta: „Opa, wann fahren wir los?"

„Wartet noch einen Moment", bremste Opa Gustl. „Wir müssen erst mal zusammenpacken. Sonst fliegt uns während der Fahrt das Geschirr um die Ohren. Außerdem sind die Nachtwächterführungen, wie der Name schon sagt, erst in der Nacht."

REISE INS MITTELALTER

Während der Fahrt sahen sie aus dem Fenster und betrachteten die vorbeiziehende, hügelige Landschaft entlang der Romantischen Straße. Jeder hing seinen Gedanken nach. Nach etwa 45 Minuten erreichten sie Rothenburg ob der Tauber. Der Großvater parkte das Wohnmobil auf einem Campingplatz am Rande des *Naturschutzgebiets Taubertal*.

„Hier ist es aber romantisch!“, rief Lotta.

„Toll, diese mittelalterlichen Städte!“, rief Rosalie, als sie kurz darauf durch das große Tor liefen. „Als ob gleich ein Ritter auf dem Weg zu seiner Burg vorbeigaloppieren würde!“

Opa Gustl lachte. „Im September finden hier tatsächlich Ritterspiele und ein Mittelaltermarkt statt. Mit Schaukampf und Fahnenschwingern ...“

„Komm, Xaver, dort oben auf der Mauer ist ein überdachter Gang! Dürfen wir da rauf, Opa?“ Tim rannte schon fast los.

„Meinetwegen. Aber bleibt zusammen! Und in einer Viertelstunde seid ihr wieder hier.“

„Machen wir!“, rief Lotta.

„Und mit einer Viertelstunde meine ich 15 Minuten und nicht 30!“, rief er den Kindern noch nach, die bereits zu einer alten Steintreppe stürmten.

„Dort drüben ist noch ein Turm!“, rief Xaver, und alle rannten dorthin.

Die Viertelstunde verflog im Nu. „Wir müssen zurück!“, sagte Tim.

„Das ist ja erstaunlich! Ihr seid pünktlich“, stellte Gustl erfreut fest.

„Das gelbe, schiefe Haus dort drüben und die beiden Türme sehen aus wie auf meinem letzten Adventskalender!“, wandte sich Lotta an ihren Großvater.

„Das ist das *Plönlein*, Rothenburgs Wahrzeichen."
„Was ist denn ein *Plönlein*?", wollte Xaver wissen.
„Das heißt eigentlich: Kleiner Platz am Brunnen. Der Brunnen dort vorne gehört auch dazu."
„Ich finde es toll, Opa, dass du so viel weißt!"
Zufrieden erzählte der Großvater weiter: „Man kann über den Turmweg um die ganze Altstadt gehen. Das sind ungefähr vier Kilometer."
„Opa Gustl, wie viele Türme gibt es hier eigentlich?", wollte Tim wissen.
„Ich glaube, es sind 46. Seht ihr die Kirche dort hinten? Das ist die *Jakobskirche*. Dort gibt es einen eindrucksvollen Altar."
Gemeinsam spazierten sie weiter durch die kopfsteingepflasterten Gassen des alten Stadtkerns.
Überall standen Tafeln der Restaurants am Gehweg, auf denen die leckersten Gerichte notiert waren. Xaver lief beim Durchlesen das Wasser im Mund zusammen.
Als könnte Rosalie Gedanken lesen, sagte sie: „Wir könnten doch in eines der Gasthäuser gehen!"
„Ich zeige euch ein uriges Lokal. Dort gibt es sehr gutes Essen und nette Menschen", meinte Opa Gustl.
„Seht euch mal diese Kugeln an!", rief Lotta plötzlich und blieb wie gebannt vor einer Auslage stehen.
„Das sind die berühmten Rothenburger Schneebälle", erklärte Opa.
„Oh, mit Nuss-Nougat-Füllung!", rief Tim. „Lecker!"
„Und mit Karamellfüllung!" Xaver knurrte der Magen.
„Hier gibt es sogar welche für dich, Opa: Schneebälle mit Champagnertrüffelfüllung!", sagte Lotta.
Gustl fuhr sich mit der Zunge über den Mund. „Nachher darf sich jeder einen als Nachspeise aussuchen. Schließlich wird es heute spät."

Während des Abendessens überlegten die Kinder, in welchem Zusammenhang das gefundene Nachtwächterhorn mit der Schatztruhe stehen könnte.
„Vielleicht hat ja jemand dem Nachtwächter sein Leid geklagt, dass er die Schatztruhe verloren hat“, mutmaßte Tim. „Könnte doch sein, oder?“
„Oder die Schatulle gehört dem Nachtwächter selbst“, meinte Lotta. Aber irgendwie merkten die vier selbst, dass keine dieser Erklärungen wirklich passte.
„Es ist so weit!“, verkündete Opa Gustl nach einem Blick auf die Uhr.
„Die Schneebälle essen wir unterwegs!“, schlug Tim vor.
Kurz darauf fanden sie sich mit anderen Touristen beim mittelalterlichen Rathaus auf dem Marktplatz ein. „Das Rathaus hat auch einen Turm mit einem herrlichen Panoramablick!“, sagte plötzlich eine unbekannte Stimme hinter ihnen. Xaver drehte sich als Erster um: Es war der Nachtwächter höchstpersönlich!
„Das ist aber schön, dass ihr euch zu dieser dunklen Stunde noch auf die Straße hinaustraut!“
Tim nickte. Er kam sich vor, als stünde er vor dem Nikolaus. Die Klinge des axtähnlichen Stabes, den der Nachtwächter in der Hand hielt, blitzte im Schein der Straßenlaterne.
‚Das Teil sieht messerscharf aus‘, dachte Tim und wich einen Schritt zurück.

WÄCHTER DER NACHT

Der Nachtwächter trug einen schwarzen Hut, einen seltsamen Umhang und eine Laterne. „Er hat genau so ein Signalhorn, wie wir es bei den Wasserfällen gefunden haben!“, flüsterte Xaver. Lotta nickte.
„Entschuldigen Sie“, begann Rosalie höflich. „Hat bei Ihnen jemand nach einer Schatztruhe gefragt?“
Der Nachtwächter sah Rosalie eindringlich an. „Nein, warum?“
„Wir haben eine gefunden und wollen sie dem Besitzer zurückgeben.“
„Ihr seid ehrliche Finder? Das gefällt mir!“, sagte der Wächter der Nacht. „Habt ihr den schönen Vollmond gesehen? Mir kommen in so einer Nacht oft die besten Ideen. Kommt einfach mit zu meiner Führung! Vielleicht habt ihr auch bei Vollmond den entscheidenden Geistesblitz!“
Xaver war mit etwas anderem beschäftigt. Er konnte seinen Blick nicht von dem axtähnlichen Stab wenden, den der Nachtwächter trug. „Ist das eine Waffe?“, fragte er.
„Ja, das ist eine Hellebarde. Die brauchte ein Nachtwächter, wenn er für die Sicherheit der Bürger sorgen wollte“, begann der freundliche Mann zu erzählen. „Denn es war nachts nicht ungefährlich. Es gab allerhand Gesindel und viele Diebe, die sich nur in der Dunkelheit aus ihren Verstecken trauten.“
Lotta spürte, wie die Gänsehaut an ihr hochkroch. Der Nachtwächter schilderte die nächtlichen Begebenheiten, die sich hier früher zugetragen hatten, so eindrucksvoll, dass es auch Tim kalt den Rücken hinunterlief.
Sie gingen mit der Gruppe vom Marktplatz zur Herrngasse und dann in Richtung *Burggarten*. Aufmerksam lauschten sie den Erzählungen und

versuchten, irgendeinen Hinweis herauszuhören, der ihnen weiterhelfen konnte.

Im *Burggarten* sagte der Nachtwächter: „Hier seht ihr das einzig erhaltende Gebäude der ehemaligen *Stauferburg*."

Opa Gustl begeisterte sich für alles, was mit der Geschichte Rothenburgs zusammenhing, und unterhielt sich angeregt mit dem Nachtwächter. Die Kinder hörten ihn immer wieder sagen: „Interessant!" oder: „Das wusste ich noch gar nicht."

Tim ließ sich ein wenig ratlos auf einer Parkbank nieder. „Ich finde das auch alles interessant. Aber über den Besitzer der Schatztruhe haben wir noch nichts erfahren."

„Ich bin mir sicher: Wir sollten hierher nach Rothenburg kommen", versuchte Rosalie ihren Bruder bei Laune zu halten. „Ich spüre, dass wir hier richtig sind!"

„Morgen fahren wir doch schon wieder zurück nach Stuttgart", murmelte Xaver. Er nahm seinen Rucksack ab und lehnte ihn an eine der großen Steinfiguren.

„Das ist die Winter-Figur", sagte plötzlich eine Dame mit roten Haaren, die auch an der Führung teilnahm. „Jede Figur stellt eine der vier Jahreszeiten dar. Das hier ist der Winter." Dann drehte sich die fremde Dame um und ging zu den anderen.

‚Rätsel über Rätsel', dachte Xaver. Auf einmal spürte er den Impuls, die Schatztruhe herauszuholen. Er zog sie aus seinem Rucksack und stellte sie neben die steinerne Figur. Im Mondenschein glänzte die Truhe noch goldener als sonst. Der Rubin funkelte wie ein Riesen-Glühwürmchen in der Nacht.

„Du hast sie mitgenommen?", fragte Lotta überrascht. Xaver nickte.

„Das ist gut", sagte Tim. „Vielleicht haben wir irgendetwas übersehen?" Auf der Stirn des Jungen bildete sich eine tiefe Denkerfalte.

„Schaut mal!", sagte Lotta plötzlich.
Die anderen drehten sich um. Sie trauten ihren Augen kaum. „Ich glaub, ich spinne!", flüsterte Tim.
Plötzlich war neben der Winter-Figur ein Igel aufgetaucht. „Dich hat wohl dein Igelfreund vom Campinglatz geschickt?", fragte Lotta mit beruhigender Stimme.
„Immer diese Zufälle ..." Rosalies Augen blitzten.
„Klar, er hat seinen Igelfreund mit dem Handy angerufen und ihm gesagt, dass wir heute bei der Nachtwächterführung sind!", krächzte Tim. Aber niemand lachte.
„Was willst du uns sagen?", sprach Lotta zu dem Tier. Der Igel grunzte und schnaufte. Er kam noch näher an das Mädchen mit den roten Locken heran. Mit seiner feuchten Nase stupste er Lottas Hand.
„Er stellt nicht mal seine Stacheln auf!", stellte Xaver fest.
„Bitte hilf uns, Igelchen!", wandte sich nun Rosalie an das Tier. „Wir wissen nicht, wo wir den Besitzer der Schatztruhe noch suchen sollen!"
Der Igel sah erst Lotta und dann Rosalie tief in die Augen. Dann drehte er sich um und setzte seinen kleinen, runden Körper in Bewegung. „Super gemacht", maulte Tim. „Jetzt haut er ab."
Aber das Stacheltier lief direkt zur Schatztruhe, die neben Xaver im Gras stand. Verdutzt beobachteten die Kinder, wie der Igel die Kiste mit der ganzen Kraft seines kleinen Körpers umschubste.
„Vielleicht denkt er, da ist etwas zu fressen drin", meinte Xaver.
Alle Erinnerungsstücke purzelten heraus und kullerten über den Rasen. Sogar das weihnachtliche Geschenkpapier, mit dem der Boden der Dose bedeckt war, schwebte auf den Boden. Es glitzerte im Licht der Parklaterne, als wäre es nicht von dieser Welt. Fassungslos starrten die vier auf das Sammelsurium an alten Dingen. Der Igel grunzte.

„Das Weihnachtspapier gefällt mir. Es sieht so schön alt aus", sagte Rosalie. Stück für Stück räumte sie die Dinge wieder ein.

„Was ist das denn?", rief Tim plötzlich und zog etwas unter dem Weihnachtspapier hervor. „Ein Foto ... Das kenne ich noch gar nicht!" Er reichte es an Xaver weiter.

„Das habe ich auch noch nicht gesehen“, sagte Xaver und hielt das vergilbte Bild den Mädchen hin. „Wenn ein Schlüssel herausgefallen wäre, wäre mir das lieber gewesen.“
„Da hat jemand eine alte Spieluhr mit Wintermotiven fotografiert“, meinte Lotta. „Wie entzückend!“
„Winter“, wiederholte Xaver. „Das passt zu dieser Steinfigur.“ Die Kinder hielten nach der Dame mit den roten Haaren Ausschau, aber sie war verschwunden.
„Im Winter ist Weihnachten“, kombinierte Rosalie.
„Oma hat mir mal erzählt, dass es in Rothenburg ein Weihnachtsmuseum gibt!“, fiel Lotta plötzlich ein.
„Ein Weihnachtsmuseum? Da muss ich hin“, rief Rosalie sofort. „Ich liebe Weihnachten! Am liebsten würde ich schon im November anfangen zu schmücken.“ Rosalie strahlte selbst wie ein festlich geschmückter Weihnachtsbaum.
„Das meint ihr nicht im Ernst?“ Tim sah die Mädchen mit fragenden Augen an. „Ihr denkt doch nicht mitten im Hochsommer an Weihnachten!“
„Du siehst doch: Winter-Spieldose, Weihnachtspapier ... Im Winter ist Weihnachten. Ich spüre, dass wir ganz nahe dran sind. Wir müssen unbedingt ins Weihnachtsmuseum!“, rief Rosalie aufgeregt. Ihr Herz klopfte bis zum Hals. „Ich spüre es genau! Bestimmt finden wir dort den entscheidenden Hinweis!“
Tim recherchierte mit schnellen Fingern auf seinem Handy. „Es öffnet morgen früh um 10 Uhr“, rief er. „Dann wissen wir schon, was wir nach dem Frühstück machen.“

WEIHNACHTSMAGIE IM HOCHSOMMER

Am nächsten Morgen legte sich ein warmer Nieselregen über die mittelalterliche Stadt.
„Das habe ich mir gestern schon gedacht“, sagte Opa Gustl. „Nach Vollmond ändert sich oft das Wetter.“
„Das Regenwetter passt gut fürs Museum!“, rief Lotta voller Vorfreude.
„Macht ihr das mal allein“, sagte Opa Gustl. „Ich kaufe für unterwegs noch etwas für die Vesperpause ein.“
‚Vesperpause‘, dachte Xaver. Der Großvater hatte dieses Wort für ‚Brotzeitpause‘ schon öfter verwendet. Warum fiel es ihm heute so auf?
„Opa Gustl, könntest du uns bitte nochmal Schneebälle mitbringen?“, fragte Tim.
„Mal sehen!“, sagte Opa Gustl und zwinkerte.
„Zwei mit Karamell!“, rief Xaver und schlug mit Tim ein.
Kurz darauf standen die Kinder vor dem *Deutschen Weihnachtsmuseum*. „Der Nussknacker dort hinten ist ja größer als du, Opa!“, rief Lotta ihrem Großvater hinterher. Der Großvater lachte und winkte.
Als die vier durch die Eingangstür traten, blieben sie sprachlos stehen. Hinter riesigen Glasscheiben waren geschmückte Christbäume, Räuchermännchen und Nussknacker ausgestellt. Überall glitzerte es und lud zum Staunen ein.
„Wow!“, rief Tim. „Das ist ja der gesamte Christbaumschmuck des letzten Jahrhunderts!“
„Solche Weihnachtskugeln haben wir auch noch!“, rief Rosalie begeistert. Ihre Augen glänzten wie die schönen, alten Dinge hinter der Glasscheibe.

Xaver war tief beeindruckt von einer riesigen Weihnachtspyramide aus dem Erzgebirge. Vor ihm drehten sich Schafe, Hirten und Engel. „Wir haben auch so eine Pyramide zu Hause! Bloß viel kleiner."

„Warum sind eigentlich die Leute da unten ganz schwarz angezogen?", wollte er nun wissen.

„Das sind Bergleute. Im Erzgebirge gab es viele Bergleute", wusste Rosalie.

„Nebenan gibt es auch noch ein Weihnachtsdorf!", las Tim aus einem Prospekt vor, den er mitgenommen hatte.

„Die Idee, ein Weihnachtsdorf für das ganze Jahr aufzubauen, könnte von mir stammen! Wer hatte bloß diesen genialen Einfall?“, rief Rosalie.
„Hier steht es: Käthe Wohlfahrt“, las Tim vor.
„Sie war eine beeindruckende Frau.“ Hinter ihnen stand plötzlich ein älterer Herr. Er hatte graue Haare und war offensichtlich der Museumswärter. „Die Wohlfahrts kamen ursprünglich aus dem Vogtland.“
„Meine Mama sammelt auch Weihnachtsschmuck!“, rief Rosalie.
„Ja. Es gibt viele leidenschaftliche Sammler in aller Welt.“
„Hat sich Frau Wohlfahrt all diese Dinge hier selbst zugelegt?“, wollte Lotta wissen.
„Erst viel später. Zuerst hat sie ein eigenes Unternehmen gegründet.“ Das interessierte nun auch Tim.
„Als Käthe Wohlfahrt und ihr Mann Wilhelm nach Stuttgart zogen, brachten sie eine alte Spieluhr aus ihrer sächsischen Heimat mit. Einmal hatten sie zu Weihnachten Besuch von einer befreundeten amerikanischen Familie, die ganz fasziniert von dieser Spieldose war. Wilhelm Wohlfahrt begann, selbst welche zu bauen, und schenkte seinen Freunden so eine. So begann die Geschichte dieses mittlerweile weltbekannten Unternehmens. Sie stellen heute noch nostalgischen Weihnachtsschmuck her und verschicken ihn in die ganze Welt.“
Bei dem Wort ‚Spieluhr‘ musste Rosalie an das Foto denken. Aber im selben Moment fragte Xaver: „Sie wohnten in Stuttgart? Aber warum ist das Museum dann nicht dort?“
Der Mann wandte sich an den dunkelhaarigen Jungen: „Die Wohlfahrts zogen in dieser Zeit von Stuttgart nach Rothenburg um. Das erfolgreiche Unternehmen hat sein Stammhaus nach wie vor hier in Rothenburg und ist auch heute noch im Familienbesitz. Deswegen verbinden Sammlerfreunde aus aller Welt auch heute noch unsere Stadt mit Käthe Wohlfahrt.“

„Spannend, wie manchmal aus kleinen Dingen große entstehen", murmelte Lotta.

Nachdenklich bummelten sie weiter von Vitrine zu Vitrine. „Wahnsinn! Zwei Stockwerke voller Weihnachtsschmuck!" Rosalie war begeistert.

„So haben früher die Adventskalender ausgesehen!", rief Lotta.

„Hier ist sogar eine ganze Vitrine voller Nikoläuse!", sagte Xaver. Tim war schon vorausgelaufen. „Kommt mal hierher! Hier gibt es einen Christbaumständer, der sich dreht und Musik spielt."

„Das wäre etwas für Oma und Opa!", meinte Lotta.

„Deswegen mag ich alte Dinge so gerne", sagte Rosalie. „Früher war alles so schön verschnörkelt, und sogar die Christbaumständer haben Musik gemacht!"

„Dafür sind die Dinge heute praktisch", meinte Tim.

Sie trafen wieder auf den Museumswärter, der einer Gruppe von Besuchern gerade erläuterte: „Im Grunde fing alles mit einer Spieluhr an."

„Mit einer Spieluhr!“, wiederholte Rosalie und knuffte Lotta in die Seite.
Xaver zog die Schatztruhe aus seinem Rucksack und nahm das vergilbte Stück Papier heraus. Unauffällig hielt er es Tim hin. Tim nickte. Xaver beschleunigte seinen Schritt, bis er direkt neben dem Museumswärter stand.
„Entschuldigung, kennen Sie diese Spieluhr?“, begann er unverblümt.
„Ja, natürlich. Das ist eine bekannte Käthe-Wohlfahrt-Spieldose. Sie heißt: ‚Eismärchen‘“, erzählte der Museumsaufseher.
„Was für ein schöner Name!“, rief Lotta. „Steht sie hier irgendwo?“
„Nein“, antwortete der freundliche Herr. „Aber es gibt sie noch zu kaufen. Ihr könnte es mal nebenan versuchen. Dort gibt es sehr viel Weihnachtsschmuck. Die Verkäuferin ist eine echte Expertin.“
„Danke für den Tipp!“, sagte Xaver.
„Jetzt muss ich aber weiter und nach dem Rechten schauen. Viel Spaß noch“, sagte der Museumswärter und zwinkerte den Kindern zu.
„Vielen Dank! Sie haben uns sehr geholfen!“, rief Tim. Der ältere Herr verschwand mit einem freundlichen Winken in einem der anderen Weihnachtszimmer.
Der Regen peitschte den Kindern ins Gesicht, als sie ins Freie traten. Fröstelnd zogen sie sich ihre Kapuzen über den Kopf.
„Wir sollten uns irgendwo unterstellen“, meinte Tim.
„Meinte der Herr das Weihnachtsdorf oder den kleinen Laden?“, überlegte Xaver. Tim zuckte mit den Schultern.
„Dort hinten!“, rief Lotta. „Das ist bestimmt der Laden.“
„Genau das richtige trockene Plätzchen für uns“, murmelte Rosalie.

EINE SCHÖNE BESCHERUNG

Rosalie drückte die Glastür auf. Über der Eingangstür bimmelte ein Glöckchen. „Das klingt so ähnlich, wie das, das Mama an Weihnachten läutet, wenn Bescherung ist!“, rief Lotta vergnügt. Nacheinander betraten die Kinder den Laden.

„Wow!“, rief Xaver überwältigt. Unzählige Kugeln und Zapfen zierten den Laden. Er wusste gar nicht, wo er zuerst hinsehen sollte. Rosalie fühlte sich verzaubert.

„Wir haben eine Frage“, fiel Xaver mit der Tür ins Haus. „Haben sie die Spieldose ‚Eismärchen‘?“

„Oh. Wartet einen Moment! Ich sehe nach.“ Die Verkäuferin verschwand in einem Hinterzimmer.

Kurz darauf kehrte sie zurück. „Tut mir leid. Da muss ich euch leider enttäuschen. Ich habe nur noch eine Schachtel gefunden.“

„So eine Schachtel habe ich schon einmal gesehen!“, rief Lotta.

„Wo denn?“, fragte Xaver.

„Bei Opa und Oma auf dem Speicher!“

„Echt? Warum steht sie denn auf dem Speicher?“, wollte Rosalie wissen.

„Oma benutzt viele schöne Dinge nicht. Sie hebt auch Geschenke ewig lange auf, ohne sie zu benutzen.“

„Das macht meine Oma auch!“, rief Xaver. „Vielleicht wollen sie, dass die Sachen länger halten.“

„In so einer Schachtel kann alles Mögliche drin sein“, meinte Tim. „Wenn ich an die ganzen Schachteln auf unserem Speicher denke ...“

„Stimmt auch wieder", antwortete Xaver. Sie schlenderten weiter durch den Laden.

„Hier!", rief Tim plötzlich. „Das ist doch der richtige Anhänger! Statt Kugeln gibt es dieses Jahr den hier!" Die anderen drehten sich zu ihm um. Tim stand vor einem künstlichen Weihnachtsbaum, der mit Tier-Anhängern geschmückt war.

„Ein Igel! Witzig! Der ist so rund wie ein Karamell-Schneeball!", gluckste Xaver.

„Wie niedlich!", rief Lotta verzückt.

In dem Moment kam die Verkäuferin auf die Vier zu. „Euch interessiert der Igel?"

„Ja!", rief Rosalie begeistert. „Was kostet er?"

Die ältere Dame mit den grauen Haaren machte sich am Baum zu schaffen. Dann sagte sie zu Tim: „Heb bitte mal!"

Tim sah die Verkäuferin etwas irritiert an. Aber er war ja stark. Er packte den Baum am Stamm und hob ihn samt Ständer in die Luft. Die Christbaumanhänger schepperten und klirrten. Rosalie und Lotta erstarrten. Xaver kicherte hinter vorgehaltener Hand.

„Vorsicht!", schrie die Verkäuferin. Sofort griff sie nach dem Baum und half Tim, das kostbare Gut sanft auf dem Boden abzusetzen. „Ach du Schreck! Ihr seid wohl nicht von hier. Wenn wir ‚heben' sagen, meinen wir ‚halten'. Das hätte beinahe eine schöne Bescherung gegeben!"

„Und was sagt ihr dann, wenn ihr etwas hochheben wollt?", fragte Xaver belustigt.

„Das heißt bei uns: lupfen."

„‚Lupfen‘ habe ich schon oft gehört!“, berichtete Lotta.
„Das ist gerade noch einmal gut gegangen“, flüsterte Xaver seinem Freund zu. Dann verkrümelten sich die beiden in die hinterste Ecke des Ladens.
Die Verkäuferin wischte sich ein paar Schweißperlen von der Stirn. Dann nannte sie Rosalie den Preis. Das Mädchen musste kurz schlucken. „Oh“, sagte sie.
„Die Sachen sind alle handgemacht. Das ist keine maschinengefertigte Billigware, die eingeflogen wird“, erklärte die Verkäuferin freundlich.
„Er gefällt mir so gut! Ich nehme ihn“, sagte Rosalie und zog ihre Geldbörse aus der Jackentasche. „Den schenke ich meiner Mama, weil sie nicht mitfahren konnte.“
„Das ist sehr nett von dir!“ Die ältere Dame war sichtlich gerührt von Rosalies Großzügigkeit. „Ich packe ihn dir bruchsicher ein. Schau dich in der Zwischenzeit ruhig noch etwas um!“
Rosalie bezahlte und schlenderte zu Lotta und den Jungs. Sie standen am Ende des Ladens und starrten eine Wand an.
„Diese Wand ist ja wahnsinnig spannend!“ Rosalie lachte. „Hier gibt es so viele herrliche Dinge zu bestaunen, und ihr schaut euch eine Wand an!“
„Lotta kommt das Foto bekannt vor“, murmelte Xaver.
Erst jetzt entdeckte Rosalie, was ihre Freunde begutachteten: Ein altes Schwarz-Weiß-Foto, das in einem dunkelbraunen Holzrahmen steckte.
Die Verkäuferin kam auf sie zu und reichte Rosalie ihre Tüte. „Was ist denn an diesem Foto so interessant?“, fragte sie.
„Jetzt weiß ich's!“, platzte Lotta heraus.
Alle sahen sie fragend an. „Was denn?“, bohrte Tim.
„Das ist Opa!“
„Klar“, sagte Xaver und schüttelte den Kopf. „Das ist ein Kind!“
„Ja, Opa als Kind“, sagte Lotta.

„Dein Opa?“, wiederholte die Verkäuferin. „Wie heißt der denn?“
„Gustl. Gustl Rosenburger.“
„Das glaube ich ja nicht!“ Die Verkäuferin sah Lotta mit großen Augen an. „Du bist die Enkelin von Gustl?“
„Ja.“
„Deinen Opa kenne ich gut. Er hat früher mit seinen Eltern hier über dem Laden im ersten Stock gewohnt! Damals führte meine Mutter diesen Laden. Gustl und ich haben uns nach der Schule immer hier getroffen.“
„Echt?“, murmelte Lotta.
„Ja. Irgendwann ist er mit seinen Eltern weggezogen. Aber er kam später noch ab und zu mit seiner Frau und seiner kleinen Tochter mit dem Wohnmobil vorbei.“
„Mit dem Wohnmobil? Keine Frage, dann ist es unser Opa Gustl!“, rief Xaver.
„Dann ist die kleine Tochter wohl meine Mutter?“, kombinierte Lotta.

„Das kann hinkommen“, sagte die Verkäuferin.

„Ich habe das Bild schon einmal gesehen. Ich glaube, es ist in Omas Fotoalbum“, überlegte Lotta.

„Seid ihr mit eurem Opa hier in Rothenburg?“, wollte die Verkäuferin wissen.

Tim grinste. „Sie denkt wohl, wir sind alle Opa Gustls Enkel.“ Aber er stellte es nicht richtig, denn irgendwie gefiel ihm der Gedanke, zumal er selbst keinen Opa hatte.

„Ja. Wir waren vorhin im Weihnachtsmuseum. Aber Opa wollte nicht mit“, sagte Lotta.

„Oh je!“, rief Tim plötzlich und sah auf seine Uhr. Schlagartig wurde ihnen klar, dass Opa Gustl schon längst vor dem Weihnachtsmuseum auf sie wartete. „Wir müssen los!“

„Schön, dass ihr hier wart, und viele Grüße an eure Großeltern! Von Adele!“, rief ihnen die nette Verkäuferin nach.

„Danke, richten wir aus!“, sagte Lotta, und das Glöckchen über der Ladentüre läutete zum Abschied.

So schnell wie möglich rannten sie zurück zum Weihnachtsmuseum.

„Ich hätte auch gerne so eine Spieluhr!“, rief Rosalie unterwegs.

„Du hast schon dein ganzes Taschengeld für den Igel-Anhänger ausgegeben“, entgegnete Tim. „Und ich fürchte, für so eine Spieluhr musst du jahrelang sparen.“

„In Oberammergau gibt es auch einen Käthe-Wohlfahrt-Laden. Da war ich schon mal mit Oma. Wir können ja in den Weihnachtsferien zusammen hinfahren!“, tröstete Lotta ihre Freundin.

„Bitte nicht!“, jaulte Tim. „Bei mir glitzert es im ganzen Kopf!“

Xaver knuffte Tim in die Seite. „Mit dem Wohnmobil ...!“

„Ah!“, sagte Tim. „Wenn wir mit dem Wohnmobil fahren, ist die Sache natürlich geritzt!“

EIN STACHELIGER ABSCHIED

„Ihr habt Nerven. Wisst ihr, wie lange ich hier schon im Regen auf euch warte?“ Opa Gustl war stinksauer. „Das hält die beste Regenjacke nicht aus!“

„Es tut uns leid, Opa!“, sagte Rosalie und sah ihn mit großen, unschuldigen Augen an.

„Ich habe euren Eltern versprochen, dass wir gleich nach dem Mittagessen nach Stuttgart aufbrechen.“

„Das ist bestimmt kein Problem!“, rief Tim.

„Was meinst du damit?“, wollte Opa Gustl wissen.

„Wir sagen Mama einfach die Wahrheit: Wir waren so in das Museum vertieft, dass wir die Zeit vergessen haben!“

„Du bist super!“ Xavers Augen blitzten. „Das ist nichts als die Wahrheit!“ Er schlug seinem Freund auf die Schulter.

„Ihr seid Schlitzohren. Und jetzt los!“, rief Opa. Im Schweinsgalopp verließen sie die Altstadt und liefen zum Parkplatz.

„Heute sitze ich vorne!“, rief Xaver und stieg als Erster ein. Beinahe hätte er sich auf einen großen, weißen Karton gesetzt, der auf dem Beifahrersitz lag. Xaver linste hinein.

„Schneebälle! Opa hat uns nochmal Schneebälle gekauft!“

Plötzlich hörte er Lotta rufen: „Kommt her!“

Xaver ließ den Schachteldeckel fallen und kletterte aus dem Frontbereich. „Was ist los?“

Seine Freunde knieten andächtig neben dem Wohnmobil. Rosalie zeigte wortlos unter den Wagen.

Xaver kniff die Augen zusammen, um sicher zu gehen, dass er nicht träumte. Das saß doch schon wieder ein Igel! Er sah genauso aus wie der, der die Schatztruhe umgestoßen hatte. Irgendjemand hatte ihm eine Schüssel mit Apfelstückchen hingestellt. Zufrieden und ohne Angst mampfte das kleine Stacheltier den Napf leer.

„Ich finde, das sieht so aus, als frisst er stolz seine Belohnung!“, meinte Tim.

„Danke, kleiner Igel! Du hast uns sehr geholfen!“, sagte Xaver.

„Du bist wirklich ein ganz besonderes Exemplar!“, meinte Rosalie.

In diesem Moment kam Opa zurück. „So, alles bezahlt. Wir können fahren.“

Als er in die fragenden Augen der Kinder sah, sagte er: „Der Kleine sah so hungrig aus. Da habe ich ihm eine Kleinigkeit hingestellt.“

„Opa steckt wohl mit ihm unter einer Decke“, flüsterte Tim seiner Schwester zu.

„Ja, das sind eindeutig zu viele Zufälle!“, murmelte Rosalie.

Der Igel hatte inzwischen seine Mahlzeit beendet. Gesättigt schleckte er sich über sein Mäulchen und putzte seine Pfoten. Dann sah er die Kinder mit seinen großen Knopfaugen an und grunzte. Lotta verstand sofort. „Mach's gut, kleiner Freund!“, sagte sie liebevoll, und eine kleine Abschiedsträne kullerte über ihre Wange.

Das kleine Stacheltier wackelte los und verschwand. „Einsteigen!“, rief Opa Gustl und startete den Motor.

Für einen kurzen Augenblick überlegte Xaver, ob er Lotta zum Trost vorne sitzen lassen sollte. Aber irgendetwas in ihm sträubte sich dagegen.

DES RÄTSELS LÖSUNG

Kurz nach dem Abschied von ihrem stacheligen Freund sagte Opa Gustl: „Gib mal Stuttgart ein!"

Xaver vertraute Lotta großmütig die süße Wegzehrung zur Aufbewahrung an und machte sich sofort ans Werk. „Wollt ihr noch ein Stück auf der Romantischen Straße fahren?"

„Ja!", flötete Tim sofort. „Das ist sooo romantisch!"

Jetzt konnte auch Lotta wieder lachen. Im Rückspiegel sahen sie die mittelalterliche Kulisse von Rothenburg ob der Tauber immer kleiner werden.

Rosalie stupste ihre Freundin mit dem Ellbogen an. Dann wandte sie sich an den Großvater: „Wir waren nicht nur im Museum, sondern auch in einem Laden mit sehr schönem Weihnachtsschmuck!"

Opa Gustl sah sofort in den Rückspiegel. Ihre Blicke trafen sich. „Aha", sagte er.

„Dort hing ein Foto an der Wand."

„So?"

„Ja, auf diesem Foto bist du ... als Kind!", rief Lotta.

„Ach", murmelte Opa Gustl. „Wie kann das denn sein?"

„Wir wissen, dass du früher mal dort über dem Laden gewohnt hast!", verkündete Xaver stolz ihre neuesten Erkenntnisse.

Ein verschmitztes Lächeln huschte über das Gesicht des älteren Herrn. Nun legte Tim die Karten auf den Tisch und fragte: „Opa, du hast die Schatztruhe mit den Hinweisen versteckt, stimmt's?"

Opa Gustl grinste. „Oma hat auch mitgeholfen!“, sagte er. „Es war gar nicht so einfach, passend zu unserer Reiseroute noch die Dinge von früher auf dem Speicher zu finden.“

„Das glaube ich sofort“, sagte Xaver. „Dann ist das dein Wächter-Horn ...“

„Ja. Mich begeistern Nachtwächterführungen schon lange. Und irgendwann hat mir Oma dieses Horn geschenkt.“

„Es ist schön“, sagte Lotta und wurde nachdenklich. „Wir haben dich nie gefragt, ob du die Gegend kennst.“

„Ja. Wir denken manchmal viel zu sehr an uns“, philosophierte Tim. „Vielleicht sollten wir andere viel mehr fragen.“

„Ich hatte öfter das Gefühl, dass du nicht zum ersten Mal in dieser Gegend warst“, meinte Rosalie.

„Ich auch!“, rief Lotta. „Deswegen wolltest du auch unbedingt auf den Campingplatz am Götzenbachsee.“

„Gut erkannt, Kind. Das waren früher unsere ersten Campingausflüge. Wir hatten damals nur einen uralten Kastenwagen, den ich selbst zum Wohnmobil umgebaut habe.“

„Also bevor ihr an den Ammersee gezogen seid, stimmt's?“, rechnete Lotta nach.

„Ja. Nach einem Wochenende am Götzenbachsee hatten wir immer das Gefühl, wir wären auf einer großen Reise gewesen. Ich habe nur schöne Erinnerungen an diese Tage“, schwärmte Opa Gustl.

„Vielleicht fahren wir später auch dorthin, weil wir uns gerne an diese Tour erinnern“, überlegte Tim.

„Das würde mich freuen.“ Opa strahlte.

„Wenn Oma mitgefahren wäre, hätte ich es schneller gemerkt!“, rief Lotta.

„Das glaube ich auch.“ Opa Gustl lachte. „Das war auch für mich das Schwerste an der ganzen Aktion! Ich durfte mich nicht verplappern.“

„Sag mal, als wir in dem gruseligen Loch waren ...“, begann Tim.

Xaver prustete los. *„Das Finstere Loch*!“

„Ist doch egal!“, sagte Tim. Dann wandte er sich wieder Opa Gustl zu: „Kanntest du den Mann in der Höhle schon vorher?“

Der Großvater grinste von einem Ohr zum anderen. „Jetzt kann ich es euch ja verraten ... Das war mein alter Schulfreund. Er hatte gleich Lust mitzuspielen. Kurz vor unserer Tour rief er mich an und hat mich zu unserem Altersgenossen-Festle in Schwäbisch Gmünd eingeladen. Da fahre ich im Anschluss hin.“

„Ich mag es, dass du manchmal an die Wörter ein ‚le‘ anhängst!“, sagte Lotta.

„Ich feiere gerne. Was ist das für ein Festle?“, wollte Xaver wissen.

„Wir Gmünder gründen immer in dem Jahr, in dem wir 30 Jahre alt werden, einen Altersgenossen-Verein. Wir machen gemeinsam Stammtische oder Ausflüge. Alle zehn Jahre feiern wir dann unser großes Jahrgangsfest, so wie dieses Jahr. Wir Männer tragen Frack und Zylinder und die Damen festliche Roben. So ziehen wir dann durch die mittelalterlichen Gmünder Straßen, und abends wird gefeiert!“

„Das gefällt mir!“, rief Xaver. „Wir könnten ja auch so einen Verein gründen! Wir sind zwar nicht gleich alt ...“

Aber Lotta beschäftigte etwas ganz anderes. „Opa, warum hast du gesagt: Wir Gmünder?“

„Stimmt!“, rief Tim. „Du kommst doch aus Rothenburg ob der Tauber?“

„Ursprünglich schon. Aber als ich zwölf Jahre alt war, zogen meine Eltern mit mir aus beruflichen Gründen nach Schwäbisch Gmünd. Mein Vater war Goldschmied, und dort gab es früher zahlreiche Gold- und Silberschmieden.“

„Deswegen auch die goldene Schatztruhe mit dem schönen Rubin!“, sagte Rosalie.

„Genau!“

„Und später bist du dann mit Oma nach Bayern gezogen“, ergänzte Lotta.

„Richtig.“

„Schon wieder eine Bayern-Baden-Württemberg-Verbindung!“, rief Rosalie. Opa Gustl lächelte.

„Am besten fahren wir gleich zu deinem Altersgenossen-Festle mit!“, rief Xaver.

„Ich schau’ gleich mal nach, wo wir Frack und Zylinder für uns herbekommen!“, sagte Tim und tippte drauf los.

„Und schöne, lange Kleider für Rosalie und mich!“, rief Lotta sofort. „Ich will ein dunkelblaues Kleid mit vielen Strasssteinchen! Es soll aussehen wie ein Sternenhimmel!“

„Stopp!“, fuhr Großvater laut und bestimmt dazwischen. Seine Augen funkelten. Aber nicht wie bei einem Sternenhimmel. „So schön es mit euch die letzten Tage war, aber da fahre ich später mit Oma allein hin! Das ist nur für uns Altersgenossen.“

„Mit Oma?“, wiederholte Lotta.

„Ja. Sie kommt mit dem Zug. Ich hole sie in Stuttgart vom Bahnhof ab. Uns hat die Planung auch großen Spaß gemacht“, sagte der Großvater. „Wir waren sehr gespannt, ob ihr es schafft, das Geheimnis um die goldene Schatztruhe zu lösen.“

„Natürlich!“, rief Tim. „Das war doch klar!“

„Ihr habt uns ganz schön an der Nase herumgeführt“, meinte Lotta.

„Nein, meine liebe Enkeltochter. Das musst du so sehen: Mein Vorleben sollte doch für dich kein Geheimnis bleiben. Deswegen haben wir uns das alles ausgedacht.“

„Aber wie hast du das mit den Igeln geschafft?“, wollte Tim wissen. Der Großvater zuckte geheimnisvoll mit den Schultern.

„Ach, Tim!“, sagte Xaver. „Du weißt doch: Es gibt mehr Dinge zwischen Himmel und Erde ...“ Alle lachten.
„Auf jeden Fall hat es riesigen Spaß gemacht, das alles selbst herauszufinden!“, sagte Tim.
Opa Gustl lächelte zufrieden. „Mir auch. Großeltern mögen schließlich auch spannende Abenteuer!“
„Eine Win-win-Situation quasi!“, rief Tim. Xaver und Tim schlugen ein.
„Es war sehr interessant, was man auf dem Dachboden alles so findet. Oma und ich haben uns einige Nachmittage durch die verstaubten Kisten gewühlt.“
Rosalie fiel sofort der Dachboden zu Hause in Stuttgart ein. ‚Ich war schon lange nicht mehr oben‘, dachte sie, und ein verschmitztes Lächeln huschte über ihr Gesicht.

Die Umgebung rauschte an ihnen vorbei. „Wo sind wir eigentlich?“, sagte Xaver, als er nach einer Weile aus seinen Gedanken zurückkam.
„Wir sind schon in Stuttgart“, rief Tim. In seinem Bauch kribbelte es, denn er freute sich jetzt auch wieder auf zu Hause. „Siehst du dort hinten den Fernsehturm? Bei guter Sicht kann man von dort aus über ganz Stuttgart bis in den Schwarzwald blicken!“

RÜCKKEHR NACH STUTTGART-IGELHAUSEN

Die Wiedersehensfreude war groß. Kaum hatten sie zu Hause den Vorraum betreten, rief Rosalie: „Wir haben so viel erlebt!“

„Das freut mich!“, rief die Mama von Rosalie und Tim. „Papa hat im Garten ein Lagerfeuer gemacht. Da könnt ihr uns alles erzählen.“

„Hoffentlich nicht mit Laub!“, rief Tim und lief sofort mit Xaver in den Garten.

Mama sah die Mädchen fragend an. „Wegen der Igel“, sagte Rosalie.

„Aha“, murmelte Mama etwas irritiert und drückte den Mädchen zwei große Schüsseln in die Hand. „Nehmt das bitte mit hinaus!“

„Ich liebe Tomaten mit Mozzarella!“, rief Rosalie.

„Die Tomaten sehen anders aus“, fand Lotta.

„Ja, das ist eine alte Sorte, die habe ich extra für euch in den Markthallen gekauft“, sagte Mama.

„Die Markthallen zeige ich dir morgen“, sagte Rosalie auf dem Weg in den Garten. „Dort gibt es die besten Leckereien!“

„Ich finde das richtig cool, dass wir noch in Stuttgart bleiben können, bis Opa von seinem Festle zurück ist!“, rief Lotta.

Draußen war Papa schon fleißig mit dem Aufspießen von Würstchen beschäftigt.

„Habt ihr noch einen Teppich für mich?“, sagte Opa Gustl.

„Einen Teppich?“ Xaver lachte. „Was willst du denn damit? Etwa einen Fliegenden Teppich, um Oma vom Bahnhof abzuholen?“

Opa Gustl grinste: „Mit Teppich meinen wir Schwaben eine Decke.“

„Ich bring gleich eine mit raus", sagte Mama. Sie stellte eine Schüssel mit dampfenden Rosmarin-Kartoffeln auf den Terrassentisch. „Das Willkommensbuffet ist eröffnet. Bedient euch!"

„Ich habe einen riesigen Kohldampf!", rief Xaver. Genüsslich machten sie sich über all die Köstlichkeiten her.

Plötzlich fiel Rosalie ein: „Ich hab' euch etwas mitgebracht!"

Sofort stürmte sie zu ihrem Rucksack. „Hoffentlich ist alles ganz geblieben!", dachte sie, als sie ihn öffnete. Sorgfältig wickelte sie mehrere Schichten Luftpolsterfolie ab. Beim Anblick des Mitbringsels traute sie ihren Augen nicht.

„Und? Hat der Glas-Igel überlebt?" Tim stand auf einmal hinter ihr. Er schnappte sich die abgewickelte Luftpolsterfolie und fing an, die kleinen Luftkissen zu zerknallen.

„Ja", sagte Rosalie. „Aber schau!" Mit strahlendem Gesicht hielt sie ihm zwei mundgeblasene Igel hin.
„Die haben sich wohl vermehrt!", witzelte Tim.
Nun tauchte plötzlich Lotta auf. „Das ist aber nett! Die Verkäuferin hat noch einen für dich ins Paket gelegt!"
Rosalie konnte ihr Glück kaum fassen. Sie zog die Rechnung aus der Tüte. „Das ist so nett! Hier steht ihre E-Mail-Adresse drauf. Ich schicke ihr noch heute Abend eine Nachricht!"
„Los, Mädels, keine Wurzeln schlagen ... Papa und Mama warten auf ihr Mitbringsel!", drängelte Tim. „Und dann gibt's Nachspeise!"
Mama war hellauf begeistert: „Was für ein süßer Igel! Herzallerliebst! Schön, dass du an uns gedacht hast!"
Tim schämte sich nun ein bisschen, dass er den Eltern trotz des großzügigen Ferientaschengeldes nichts mitgebracht hatte.
„Apropos Igel ...", sagte Papa: „Hier hat sich auch etwas ereignet, als ihr weg wart. Wir haben Besuch bekommen."
„Besuch?", fragte Tim, der ständig an den heißen Apfelstrudel im Ofen denken musste. „Wer denn?"
„Ein Besuch, der sich draußen wohler fühlt als drinnen."
„Papa! Du sprichst in Rätseln", sagte Tim ungeduldig.
„Ein Tier?", fragte Lotta.
„Jetzt spann sie nicht so auf die Folter", sagte Mama zu Papa. „Ich hole schon mal die Vanillesauce."
„Jetzt reche ich schon so viele Jahre das Laub auf einen Haufen. Aber dieses Jahr ist zum ersten Mal eine Igelfamilie aufgetaucht!"
„Papa! Ist das wahr?", rief Rosalie.
„Wenn ich es euch doch sage. Wahrscheinlich, weil endlich mal Ruhe im Garten war und nicht immer dieses Kindergeschrei!" Papa lachte

und zwinkerte den Kindern zu. Opa fand das auch sehr lustig.

„Igel brauchen unordentliche Gärten", wusste Lotta. „Dort finden sie alles, was sie brauchen. Leider räumen viele Leute ihren Garten zu sehr auf."

„Igel mögen Unordnung? Dann fühlen sie sich sicher bei mir wohl!" Rosalie lachte.

Mama kam mit dem heißen Apfelstrudel und der Vanillesauce zurück. „Wahrscheinlich eher, weil dieses Jahr noch so viele Äpfel auf dem Boden liegen. Das ist für die Stacheltiere das reinste Schlaraffenland."

„Rund um Schwäbisch Gmünd gibt es auch viele alte Apfelbäume!", erzählte Rosalie.

„Cool! Das sind richtige Igelferien!", rief Tim und reichte seiner Mutter schon mal den Teller. „Aber das erzählen wir euch erst nach dem Apfelstrudel!"

„Psst!", machte Opa Gustl plötzlich.

Alle waren sofort still. Ein Eichelhäher rief aus dem nahegelegenen Wald, und das Rauschen des Verkehrs drang aus dem Stuttgarter Kessel nach oben.

„Da raschelt etwas!", flüsterte Xaver und zeigte zum Haselnussstrauch.

In diesem Moment kam ein properer Igel aus dem Gebüsch. Ihm folgte ein Zweiter. Den beiden größeren Tieren folgten ein, nein, zwei, drei ... vier kleine Igel!

„Zwei Eltern und vier Kinder! Genau wie bei uns“, rief Lotta.
„Und wo ist der für Opa Gustl?“, fragte Tim.
„Ach, Kinder. Ich habe doch schon einen, das wisst ihr doch!“, sagte Opa Gustl und zwinkerte den vier Abenteurern zu.
„Für ihren nächsten Winterschlaf baue ich ihnen ein Igel-Haus!“, rief Tim.
„Da mache ich mit!“, rief Xaver.
„Ich als Igelflüsterin brauche aber auch eins!“, meinte Lotta.
„Ich hab‘s: Wir bauen jetzt eins hier bei uns im Garten. Und wenn wir in den nächsten Ferien wieder bei euch in Bayern sind, bauen wir bei euch auch welche!“
„So machen wir's!“, rief Xaver und Lotta strahlte.
„Ach, übrigens“, sagte Opa Gustl, „Oma hat mir noch etwas mitgegeben. Das soll ich euch zeigen, falls ihr es schafft, das Rätsel zu lösen.“ Auf einmal zog er einen Karton unter der Gartenbank hervor.
„Das darf Lotta auspacken“, sagte Xaver und schob sich noch eine Gabel mit dem leckeren Strudel in den Mund. „Das ist die Schachtel, die ich meine!“
Lotta sprang sofort auf und löste die Paketschnur.
„Wie schön!“, rief das Mädchen, als sie die Schachtel öffnete.
Voller Ehrfurcht hielt Lotta die Spieluhr ‚Eismärchen‘ in die Höhe. „Stand sie die ganze Zeit bei uns auf dem Speicher?“
„Ja“, sagte Opa Gustl. „Wir hatten sie lange Zeit vergessen. Erst, als wir die Dinge für die Schatztruhe gesucht haben, haben wir sie wiederentdeckt.“
„Wofür eure Wohnmobil-Tour alles gut war!“, sagte Papa.
„Aber jetzt kommt sie nicht mehr auf den Speicher“, meinte Rosalie. „Ihr könnt sie doch im Wohnzimmer in die Vitrine stellen!“
„Oder in mein Zimmer!“, rief Lotta. „Und Weihnachten stellen wir sie auf den Esstisch!“
Die anderen lachten.

„So machen wir's!", sagte der Großvater.
„Lass die Spieldose doch mal bitte spielen!", forderte Lotta ihren Großvater auf. Er löste einen kleinen Stift. Die Spieldose begann sich zu drehen, und es ertönte eine wunderschöne Melodie.
Plötzlich hörten sie ein Klimpern. Xaver bückte sich und hob etwas vom Boden auf. Er schrie fast: „Ein Schlüssel!!! Vielleicht passt er zum zweiten Geheimfach."
„Das ist bestimmt der kleine Aufzieh-Schlüssel für die Spieldose", meinte Papa.
Aber die Blicke der Kinder trafen sich. Tim raste pfeilschnell hinein und holte den Rucksack mit der Schatztruhe. Lotta half beim Herausnehmen.
Xaver steckte den Schlüssel in das zweite Geheimfach. Er drehte sich, und das Fach sprang auf.
„Zeig schon!", rief Rosalie.
„Ein Bild", murmelte Xaver. „Von einem alten Wohnmobil?"
Tim beugte sich darüber: „Was soll das bedeuten?"
Die Eltern grinsten. „Wir müssen euch etwas erzählen", sagte Mama. „Ihr wart gleich so begeistert von der Wohnmobil-Tour, dass wir uns auf die Suche gemacht haben."
„Und zufällig haben wir ein günstiges, älteres Wohnmobil erstanden", erzählte Papa stolz. „Das richten wir jetzt noch etwas her."
„Aber wo hast du das Bild her, Opa?", wollte Lotta wissen.
„Das habe ich auf dem Campingplatz aus einem Prospekt herausgeschnitten."
„Und wann hast du es in die Schatztruhe geschmuggelt?", fragte Xaver.
„Kinder schlafen ja zum Glück auch mal!" Der Großvater lachte verschmitzt.
„Du bist mir ja einer!", rief Lotta und umarmte ihren Opa.
„Dann haben wir jetzt zwei Wohnmobile zum Herumfahren!", sagte Tim. „Eins bei euch in Bayern und eins in Baden-Württemberg."

„Jetzt können wir uns auch mal auf einem Campingplatz treffen!", schlug Rosalie vor.
„Au, ja!", stimmte Lotta zu. „Und beim nächsten Mal füllen wir die Schatztruhe mit Hinweisen! Und unsere Großeltern und Eltern fahren dann unseren Hinweisen nach."
„Coole Idee!", rief Tim.
Xaver und Rosalie zeigten mit dem Daumen nach oben. „Heute Abend überlegen wir, wo es hingehen soll."
„Ach herrje!", rief Opa Gustl plötzlich. „Ich muss los! In einer halben Stunde kommt Omas Zug an."
„Lass nur", sagte Papa. „Du bist genug gefahren. Ich hole sie vom Bahnhof ab."
„Das Angebot nehme ich gerne an. Vielen Dank!", sagte der Großvater. Zufrieden verkroch er sich hinter der Zeitung, die auf der Liege lag.
„Jetzt zeigt ihr Xaver und Lotta aber erst einmal etwas von Stuttgart!", meinte Mama.
„Klar!", rief Tim und zückte sein Handy, um zu recherchieren.
„Wir können ins *Naturkundemuseum* mit den Dinos gehen!", schlug Rosalie vor. „Und ins *Planetarium*! Dort gibt's spannende Kindershows."
„Die *Sternwarte* auf der Uhlandshöhe wäre sicher auch interessant", fand Mama.
„Gibt es hier auch einen Tierpark?", wollte Lotta wissen.
„Ja, natürlich!", rief Tim.
„Die *Wilhelma* ist einer der artenreichsten Zoos weltweit", erzählte Mama.
„Wir können auch nach Ludwigsburg fahren. Im *Ludwigsburger Schloss* gibt es Kinderführungen mit Verkleiden!", rief Rosalie aufgeregt. „Das macht echt Spaß!"
„Und danach können wir unseren Onkel und unsere Tante besuchen! Sie wohnen in Ludwigsburg", schlug Tim vor.

„Außerdem fahren wir zum *Sonnenhof* zwischen Stuttgart und Ludwigsburg. Dort gibt es ein Maislabyrinth und ein Riesen-Trampolin“, verkündete Rosalie. „Man kann dort reiten, und es gibt Ziegen und Hasen“

„Und wir können mit E-Quads herumdüsen!“, ergänzte Tim.

„Das machen wir!“ Xaver war sofort dabei.

„Kinder, das ist ein Programm für mindestens eine Woche!“, unterbrach Mama sie.

„Uns fällt bestimmt noch viel, viel mehr ein, Mama!“, sagte Rosalie.

„Daran habe ich keinen Zweifel!“ Mama schenkte sich noch einen Kaffee ein. „Habt ihr euch eigentlich bei Opa Gustl schon richtig bedankt?“

„Natürlich!“, antwortete Tim sofort.

„Wir könnten ihm doch ein Fotobuch von unserer Reise machen!“, schlug Rosalie vor.

„Da freut er sich bestimmt, und Oma sieht auch, wo wir überall waren!“, meinte Lotta.

„Eine sehr gute Idee! Was für einfallsreiche Kinder ihr seid!“ Mama lehnte sich zurück.

„Ich liebe Sommerferien!“, rief Xaver.

„Ich auch!“, stimmte Tim sofort zu. „Wenn es die Sommerferien nicht schon gäbe, ich würde sie glatt erfinden!“

– Ende –

Pizzabriegel
Auch schwäbische Pizza genannt

(für 4 Personen)

Zutaten:
1 Zwiebel, in Würfel schneiden
1 rote Paprikaschote, in Würfel schneiden, Oregano, Schnittlauch oder andere Kräuter (je nachdem, was der Kräutergarten gerade hergibt)
250 g Champignons, in Würfel schneiden
250 g Schinkenwürfel
250 g Salamiwürfel
400 g Gouda
1 Becher Sahne
1 Becher Joghurt
100 g weiche Butter
Salz und Pfeffer

Briegel sind spezielle Backwaren auf der Ostalb (ähnlich den sog. Seelen) mit Kümmel und Salz außenherum. Ihr könnt natürlich auch andere längliche Brötchen nehmen.
Alle aufgeführten Zutaten mit der Hand oder einem Handrührgerät auf unterster Stufe verrühren. Dann auf einen Briegel, eine Seele oder Ähnliches schmieren und auf einem Backblech ca. 8 bis 10 Minuten im Backofen (150 Grad) backen.

LINSEN MIT SPÄTZLE UND SAITEN (WÜRSTCHEN)

(Für ca. 4 Personen)

SPÄTZLE

Zutaten für den Spätzleteig:

300 g Mehl
4 Eier
ca. 125 ml kaltes Wasser
1 Teelöffel Salz
evtl. 1 EL Öl

Zubereitung:

Die angegebenen Zutaten werden zu einem zähflüssigen Spätzle-Teig verrührt. Je nach Bedarf kann man noch kaltes Wasser oder 1 Esslöffel Öl hinzugeben.

Anschließend wird die Teigmasse solange mit einem Rührlöffel „geschlagen", bis ein glatter Teig entsteht, der mit einem Blubb Blasen wirft.

Nun lässt man den Teig ca. 20 bis 30 Minuten in der warmen Küche stehen.

In einem großen Topf bringt man Wasser zum Kochen und gibt einen Teelöffel Salz hinzu.

Nun verstreicht man etwas Teig auf einem nassen Spätzle-Brett oder einem normalen Küchenbrett und schabt mit einem Spätzle-Schaber oder einem breiten Messer dünne Streifen in das sprudelnd kochende Salzwasser.

Zwischendurch das Messer im Wasser eintauchen, sonst klebt der Teig fest.

Kinder dürfen aber auch eine Spätzle-Presse verwenden.

Sobald die Spätzle oben schwimmen, hebt man sie mit einem Sieb heraus und legt sie in eine Schüssel. Dabei sollte man die fertigen Spätzle immer wieder vermischen, damit sie nicht verkleben. Oder man gibt ein Stück Butter dazu und mischt es darunter.

LINSEN

Zutaten:

400 g schwäbische Alblinsen (oder getrocknete braune Linsen oder braune Tellerlinsen)
1 Zwiebel
1 gehäufter EL Tomatenmark
1–2 Lorbeerblätter
Für die dunkle Mehlschwitze:
2 EL Butter
2 EL Mehl
Wasser und Fleischbrühwürfel
Salz, Pfeffer
1–2 EL Essig nach Geschmack
außerdem: Saitenwürste, Wiener Würstchen oder Frankfurter

Zubereitung:

Die Linsen nach Packungsanweisung kochen.
Die Zwiebel schälen und in kleine Würfel schneiden.
Das Mehl in der Butter hellbraun anschwitzen, dann die Zwiebel dazugeben und etwas mitbraten.
Mit dem Schneebesen das übrige Linsenkochwasser und etwas Gemüsebrühe unterrühren, bis eine sämige Soße entsteht.
Das Tomatenmark, die Lorbeerblätter, Salz und Pfeffer mit in den Topf geben und kurz aufkochen. Dann die Linsen dazu geben und mit einem Spritzer Essig abschmecken.

Die Saitenwürstchen auf den Linsen oder gesondert in heißem Wasser erwärmen.

Guten Appetit!

Skypark Epia Kletterwald
Himmelsgarten 5, 73525 Schwäbisch Gmünd Wetzgau
(direkt beim Forstpavillion)
07171/8053552
www.skypark.de

Kloster Lorch
Klosterstraße 2, 73547 Lorch
07172/928497
https://www.kloster-lorch.com

Hohenloher Freilandmuseum
Dorfstraße 53 (Für Navigationssysteme bitte „Moorwiesenweg“ eingeben)
74523 Schwäbisch Hall-Wackershofen
0791/971010
www.wackershofen.de

Rathausturm Crailsheim
Marktplatz 1, 74564 Crailsheim
07951/403-1300
https://www.crailsheim.de/kultur-freizeit/tourismus-stadtinfo/

Vogelpark Kreckelberg Crailsheim
Kreckelberg 7, 74564 Crailsheim
www.crailsheim.de/kultur-freizeit/tourismus-stadtinfo/ausflugsziele/villa-u-vogelpark/

Götzenbachsee
73571 Göggingen
www.seen.de/goetzenbachsee

Campingplatz Götzenbachsee
Götzenbach 2, 73571 Göggingen
07175/8541
www.camping.info/de/campingplatz/campingplatz-gotzenbachsee

Campingplatz Murrhardt-Waldsee
Am Waldsee 17, 71540 Murrhardt
07192/6436
www.camping-waldsee-murrhardt.de

Hörschbachschlucht Murrhardt
Parkplatz Untere Wasserfälle, 71540 Murrhardt
www.murrhardt.de/de/Tourismus-und-Freizeit/Naturpark-Wald-und-Natur/Naturschoenheiten/Hoerschbachschlucht

DCC-Campingpark Romantische Straße
Kobeltsmühle 6, 91550 Dinkelsbühl
09851/7817
www.campingplatz-dinkelsbuehl.de

Touristik Service Dinkelsbühl
Altrathausplatz 14, 91550 Dinkelsbühl
09851/902-440
www.tourismus-dinkelsbuehl.de

Rothenburg Nachtwächterführungen
Marktplatz 2, 91541 Rothenburg ob der Tauber
09861/404-800
www.rothenburg-tourismus.de/planen-buchen/top10-aktivitaeten/tour-mit-dem-nachtwaechter

Deutsches Weihnachtsmuseum Rothenburg
Herrngasse 1, 91541 Rothenburg ob der Tauber
09861/409365
www.weihnachtsmuseum.de

Außerdem bei Biber & Butzemann

ABENTEUER
AN DER MÜRITZ
BETRETEN VERBOTEN
Lilly, Nikolas und die verbotene Insel
Kerstin Groeper
Biber & Butzemann

Steffi Bieber-Geske
SCHATZSUCHE IN BERLIN UND BRANDENBURG
Illustrationen von Sabrina Pohle
LILLY, NIKOLAS UND DAS GEHEIMNIS DES WELTREISENDEN
Biber & Butzemann

ABENTEUER IM SPREEWALD
Steffi Bieber-Geske / Nicole Grom
LILLY, NIKOLAS UND DAS GEHEIMNISVOLLE TAGEBUCH
Mit Illustrationen von Claudia Meinicke
Biber & Butzemann

ABENTEUER RUND UM DRESDEN UND DAS ELBSANDSTEINGEBIRGE
Lilly, Nikolas und die Schätze der Könige
Juliane Jacobsen
Mit Illustrationen von Sabrina Pohle
Biber & Butzemann

ABENTEUER IM ERZGEBIRGE
Lilly und Nikolas im Weihnachtsland
Elisabeth Schieferdecker und Steffi Bieber-Geske
Mit Illustrationen von Sabrina Pohle
Biber & Butzemann

SCHATZSUCHE IN LEIPZIG
Lilly und Nikolas auf der Suche nach dem singenden Saphir
Mareike Seehaus
Sabrina Pohle
Biber & Butzemann

SCHATZSUCHE ZWISCHEN SAALE UND UNSTRUT
Mit Illustrationen von Sabrina Pohle
Jörg F. Nowack
Biber & Butzemann

Steffi Bieber-Geske | Sabrina Pohle
Zauberhafte Ferien im Harz
Lilly, Nikolas und die Hexen
Biber & Butzemann

Daniela Gappa
BIBER PAUL auf Reisen
Harz
Ein Reiseführer für Kinder
Biber & Butzemann

ABENTEUER ZWISCHEN KYFFHÄUSER UND WESTHARZ
Lilly und Nikolas auf den Spuren der ersten deutschen Herrscher
Jörg F. Nowack
Mit Illustrationen von Sabrina Pohle
Biber & Butzemann

DAS KLEINE GESPENST
VINCENT ENTDECKT THÜRINGEN
Anja Tettenborn
Mit Illustrationen von Wiebke Wilhelm
Biber & Butzemann

Anja Tettenborn
DAS KLEINE GESPENST
VINCENT ENTDECKT DIE RHÖN
Biber & Butzemann

Elisabeth Schieferdecker | Sabrina Pohle
Magische Ferien in Thüringen
Lilly, Nikolas und der Zauberer Felix Urlaubius

SANDRA LEHMANN
MATTI UND MAX
ABENTEUER AUF KRETA
Biber & Butzemann

SANDRA LEHMANN
MATTI UND MAX
ABENTEUER IN NEW YORK
Biber & Butzemann

SANDRA LEHMANN
MATTI UND MAX
ABENTEUER IN BERLIN
Biber & Butzemann

SANDRA LEHMANN
MATTI UND MAX
ABENTEUER IN PARIS
Biber & Butzemann

Silke Böttcher
DAS ERBE DES ALCHEMISTEN
ABENTEUER AUF DER PFAUENINSEL
Illustrationen Rebecca Mönch
Biber & Butzemann

Kerstin Groeper / Steffi Bieber-Geske
ABENTEUER IN OSTFRIESLAND
LILLY, NIKOLAS UND DIE LIKEDEELER
Biber & Butzemann

ABENTEUER IM OLDENBURGER LAND
LILLY UND NIKOLAS AUF DER SUCHE NACH DEM KLIMASCHATZ
Birgit Hedemann
Biber & Butzemann

ABENTEUER AUF NORDERNEY
MIT JUIST UND LANGEOOG
Lilly, Nikolas und die Flaschenpost
Monika Wolf
Illustrationen von Sabrina Pohle
Biber & Butzemann

Luisa Hartmann
Ziemlich beste Ferien
ABENTEUER AUF SPIEKEROOG
Illustrationen von Sabrina Pohle
Biber & Butzemann

Luisa Hartmann
Ziemlich beste Ferien 2
ABENTEUER AUF LANGEOOG
Illustrationen von Sabrina Pohle
Biber & Butzemann

GEHEIMNIS IM KNIEPSAND
LILLY UND NIKOLAS AUF AMRUM
Andrea Nesseldreher
Biber & Butzemann

ABENTEUER AUF SYLT
Lilly, Nikolas und die Leuchtturm-Detektive
Kerstin Groeper
Biber & Butzemann

Nicole Grom
DAS GEHEIMNIS VON RUNGHOLT
Lilly und Nikolas in Eiderstedt
Mit Dithmarschen, Hooge und Pellworm
Biber & Butzemann

Nicole Grom / Steffi Bieber-Geske
ABENTEUER IM LAND DER WIKINGER
LILLY UND NIKOLAS UNTERWEGS ZWISCHEN SCHLESWIG, KIEL UND FLENSBURG
Biber & Butzemann

Abenteuer zwischen Nordeifel und Aachen
Lilly und Nikolas auf der Suche nach dem schwarzen Gold
Miriam Schaps
Illustrationen von Sabrina Pohle
Biber & Butzemann

Miriam Schaps
Abenteuer im Ruhrgebiet
Lilly, Nikolas und das Bergmanns-Tagebuch
Mit Illustrationen von Sabrina Pohle
Biber & Butzemann

Abenteuer am Teutoburger Wald
Lilly und Nikolas auf der Suche nach den verflixten Wörtern
Miriam Schaps
Illustrationen von Sabrina Pohle
Biber & Butzemann

Abenteuer im Saarland
Lilly und Nikolas auf der Spur der Kelten
Steffi Bieber-Geske
Sabrina Pohle
Biber & Butzemann

Mäusejagd in der Pfalz
Lilly, Nikolas und die verschwundenen Bronzenager
Carola Jürchott
Mit Illustrationen von Sabrina Pohle
Biber & Butzemann

Andrea Nesseldreher
Mit Illustrationen von Sabrina Pohle
Die Krone der Loreley
Lilly und Nikolas im Mittelrheintal
Biber & Butzemann

Andrea Nesseldreher
Mit Illustrationen von Corinna Jegelka
Filmreife Ferien an der Lahn
Lilly und Nikolas in Mittelhessen
Biber & Butzemann

Marsha Kömpel
Abenteuer zwischen Taunus und Wetterau
Lilly, Nikolas und der Krachenburg-Schatz
Illustrationen von Monja Adamson
Biber & Butzemann

Abenteuer in der Vulkaneifel
Lilly, Nikolas und das verschwundene Manuskript
Miriam Schaps
Mit Illustrationen von Sabrina Pohle
Biber & Butzemann

ABENTEUER IN KÖLN UND AUF DEM DRACHENFELS
Ira Lenz
Biber & Butzemann

ABENTEUER IM MÜNSTERLAND
Lilly, Nikolas und die Wildpferde
Juliane Jacobsen
Biber & Butzemann

ABENTEUER IM SCHWARZWALD
Lilly, Nikolas und das Geheimnis der Zwerge
Steffi Bieber-Geske
Biber & Butzemann

ABENTEUER AUF DER SCHWÄBISCHEN ALB
Lilly, Nikolas und das Geheimnis der Schnupftabakdose
Ira Lenz
Mit Illustrationen von Claudia Gabriele Meinicke
Biber & Butzemann

SAGENHAFTE FERIEN AUF USEDOM
LILLY, NIKOLAS UND DAS GEHEIMNIS DER VERSUNKENEN STADT
Steffi Bieber-Geske / Kerstin Groeper
Illustrationen von Sabrina Pohle
Biber & Butzemann

Alexandra Benke
Geheimnis um die Rauhnächte
Ein Jahr voller Abenteuer in Oberbayern
Biber & Butzemann

Alexandra Benke
Geheimnis um die Wildtiere
Abenteuer zwischen Tegernsee und Chiemsee
Biber & Butzemann

Alexandra Benke
Geheimnisse rund um das Märchenschloss
Ein Bauernhof-Abenteuer im Allgäu
Biber & Butzemann

Alexandra Benke
Geheimnis um den roten Kater
Ein München-Abenteuer
Biber & Butzemann

Elisabeth Schieferdecker | Michaela Frech
Abenteuer im Bayerischen Wald
Lilly, Nikolas und das geheimnisvolle Logbuch
Biber & Butzemann

Silvia Zerbe | Michaela Frech
Dinostarke Ferien in Franken
Lilly, Nikolas und die Fossiliensuche
Biber & Butzemann

ABENTEUER ZWISCHEN BAMBERG UND WÜRZBURG
Lilly und Nikolas als Pedalritter auf dem Main-Radweg
Elisabeth Schieferdecker
Michaela Frech
Biber & Butzemann

ABENTEUER IN DER LÜNEBURGER HEIDE
LILLY, NIKOLAS UND DIE WILDEN TIERE
Steffi Bieber-Geske
Mit Illustrationen von Sabrina Pohle
Biber & Butzemann

ABENTEUER AN DER LÜBECKER BUCHT
Kerstin Groeper/
Steffi Bieber-Geske
RETTUNG FÜR DIE FLEDERMÄUSE
Lilly, Nikolas und die Ostseeindianer
Illustriert von Vivien Schmidt
Biber & Butzemann

Rügens Schätze am Kreidestrand

Nicole Schaa
Schimmerie Harztropf
und das Sternenmeer
Biber & Butzemann

Nicole Schaa
Schimmerie Harztropf
im Reich der Faseltaki
Mit Illustrationen von Michaela Frech
Biber & Butzemann

Elisabeth Schieferdecker
Das Elfenlicht von Arwarah
Biber & Butzemann

Die Autorin

Alexandra Benke hatte schon immer eine Schwäche für das Schreiben, den Zauber der Natur und ihre Heimat Süddeutschland. In ihren Büchern bringt sie diese Leidenschaften zusammen und schafft Abenteuergeschichten für Kinder mit viel Naturmagie und regionalem Flair. Die Lehrerin und Schulpsychologin lebt mit ihrem Mann und ihren beiden Katzen in der Nähe des Ammersees. Tim, Rosalie, Lotta und Xaver sind auch die Helden ihrer Bücher „Geheimnis um die Rauhnächte – Ein Jahr voller Abenteuer in Oberbayern", „Geheimnis um die Wildtiere – Abenteuer zwischen Tegernsee und Chiemsee", „Geheimnis rund um das Märchenschloss – Ein Bauernhof-Abenteuer im Allgäu" und „Geheimnis um den roten Kater – Ein München-Abenteuer". Ein Abenteuer in Stuttgart und Ludwigsburg ist in Vorbereitung.
www.alexandra-benke.de

Die Illustratorin

Sabrina Pohle, Jahrgang 1984, entdeckte in ihrer frühen Jugend ihr Interesse am Zeichnen, aus dem sich über die Jahre eine Leidenschaft für Illustration und sequenzielle Kunst entwickelte. Sie experimentierte zunächst viel mit traditionellen Maltechniken und Materialien wie Aquarell, Kohle und Pastellkreiden. Seit einiger Zeit nutzt die Mutter eines Sohnes auch digitale Medien, um ihre Werke zu erstellen. Die studierte Japanologin arbeitet als freiberufliche Illustratorin in Hamburg und hat bereits zahlreiche Kinderbücher illustriert.
www.splinteredshard.com

USEUM